Que sais-je ?

La sécurité sociale

Julien Damon

Benjamin Ferras

10e mille

puf

À lire également en
« Que sais-je ? »

Pierre-Louis Bras, Didier Tabuteau, *Les assurances maladies*, nº 3942.
Julien Damon, *L'exclusion*, nº 3077.
Julien Damon, *Les politiques familiales*, nº 3776.
Aquilino Morelle, Didier Tabuteau, *La santé publique*, nº 3826.
Bruno Palier, *La réforme des systèmes de santé*, nº 3710.
Bruno Palier, *La réforme des retraites*, nº 3667.

ISBN 978-2-13-073017-0
ISSN 0768-0066

Dépôt légal – 1re édition : 2015, septembre
3e tirage : 2016, janvier

INTRODUCTION

Au cœur du modèle social et de l'économie française, la sécurité sociale apparaît pourtant largement méconnue. La complexité de ses institutions et de ses mécanismes déroute le néophyte mais aussi le gestionnaire et l'expert. Au regard de sa place dans la vie des gens comme de l'ampleur des masses financières qu'elle redistribue, elle ne laisse pas indifférent. Certains la célèbrent en tant qu'incarnation exemplaire d'une solidarité en acte. D'autres la vilipendent comme opérateur dépensier, inefficace voire illégitime. Accusée, parfois, de supposées dérives gestionnaires qui la détourneraient de ses fonctions premières, elle est également, dans un autre registre, fustigée pour ses supposées incapacités de gestion dont les déficits seraient le reflet.

Des thèses radicales, souvent caricaturales, dépeignent des principes et des organisations qui seraient d'un autre âge. La trajectoire historique de la sécurité sociale consiste plutôt en une évolution, une modernisation et un progrès continus. L'apologie dévote ne saurait pour autant être de mise. D'autres modèles sont possibles. Nombre de défis pèsent sur le système.

Mais, tout d'abord, de quoi parle-t-on ? La sécurité sociale est familière aux Français. Au sens qui leur est certainement le plus commun, elle représente leur assurance maladie, leur « sécu ». Dans leur vie de tous les jours, elle se matérialise par une carte (la carte Vitale, dite carte de sécurité sociale) qui leur permet de bénéficier de la prise en charge des dépenses de santé, et sur laquelle est inscrit le numéro de sécurité sociale (nom usuel du « numéro d'inscription au répertoire des personnes physiques » géré par l'INSEE). Dans les villes, des panneaux indiquent sa direction ou, plus précisément, la localisation de la caisse d'assurance maladie. Mais la sécurité sociale ne se résume pas à cette « sécu ». Elle soutient de très nombreuses manières toutes les personnes résidant légalement sur le territoire : revenu de remplacement en cas de maladie, d'accident et à l'issue de la carrière professionnelle ; couverture d'une partie des frais liés aux enfants et au logement. Elle intervient par des prestations monétaires ainsi que par des services et des équipements (les crèches par exemple). Elle protège ainsi contre des risques sociaux, ces événements qui menacent la sécurité économique de chacun et dont la prise en compte peut être socialisée. Ne relèvent pas, pour autant, de la sécurité sociale au sens strict les prestations de solidarité (par exemple le revenu de solidarité active – RSA) prises en charge par les autres collectivités publiques (État et collectivités territoriales) tout comme les couvertures des risques de chômage ou de dépendance. Ne relèvent pas davantage de la sécurité sociale, toujours en son sens strict, les couvertures complémentaires, facultatives ou obligatoires, en matière de santé, de prévoyance ou de retraite. De fait, la sécurité sociale s'insère dans ce plus vaste ensemble qu'est la protection sociale. Les deux notions, en toute rigueur, ne sont pas interchangeables.

Cependant les frontières apparaissent de plus en plus poreuses. Le schéma introductif ci-après tente une clarification, afin de présenter la sécurité sociale dans toutes ses dimensions, débordant le cadre issu des décisions et ambitions de 1945.

La sécurité sociale au sens large

Synonyme de protection sociale

Couvrant, sous des mécanismes divers, l'ensemble des risques sociaux. Avec des institutions qui viennent compléter la sécurité sociale (les mutuelles santé, les régimes complémentaires de retraite, l'assurance chômage), et des institutions d'aide sociale

La sécurité sociale au sens strict

Les assurances sociales et quatre principaux risques sociaux :

(1) Assurance maladie – maternité – invalidité – décès.

(2) Assurance accidents du travail et maladies professionnelles.

(3) Assurance vieillesse.

(4) Famille.

La sécurité sociale au sens restreint

La « Sécu » et ses feuilles

L'assurance maladie obligatoire

La Sécurité sociale prend souvent un S majuscule pour désigner, en France, l'institution. Si la sécurité sociale est particulièrement développée en France, elle ne constitue pas pour autant une exception nationale. On recense une grande variété de modèles dans le monde avec des intentions, sinon forcément communes, du moins convergentes. L'expression même de sécurité sociale, avec de premières traductions institutionnelles tangibles, n'est pas française. C'est une législation américaine de 1935, le « Social Security Act », sous Roosevelt, qui institue des dispositions d'assurance vieillesse et chômage ainsi que des mesures d'assistance plus larges. Cette éclosion américaine fait pénétrer l'expression sécurité sociale dans les vocabulaires juridique et courant. Ensemble de droits sociaux, la sécurité sociale forme également un ensemble d'objectifs et d'outils reconnus par le droit international. La sécurité sociale est ainsi un droit de l'individu, consacré par la Déclaration universelle des droits de l'homme (« Toute personne, en tant que membre de la société, a droit à la sécurité sociale »).

La sécurité sociale occupe néanmoins, en France, une place singulière. Le choix français se caractérise par une socialisation publique des risques à grande échelle avec un niveau élevé de protection.

Ce « Que sais-je ? » rappellera, d'abord, les racines et évolutions de la protection et de la sécurité sociales. La description portera, ensuite, sur les organisations et les mécanismes. L'analyse abordera, enfin, les principaux défis auxquels ce système est confronté.

FONDATIONS, AMBITIONS, ÉVOLUTIONS

L'histoire de la sécurité sociale française s'inscrit dans un mouvement, toujours en cours, d'expansion de la protection sociale. Une étude de l'apparition explicite de la sécurité sociale en 1945 s'impose, sans célébrer béatement ce moment ni en dénigrer l'importance. L'exposé de la dynamique d'extension et de réforme – caractérisant, au fond, l'affirmation de la sécurité sociale – fera ressortir l'importance de la notion centrale de solidarité, d'un système devenu, avec le temps, hybride.

I. – Des racines assistancielles et mutualistes

Les institutions et politiques de sécurité sociale puisent à deux sources. La première provient de la pratique de l'assistance : de l'aide décidée à la discrétion des individus, des familles, du marché, des pouvoirs publics. La deuxième relève de réalisations à base plus assurantielle, de mutualisation de ressources afin de se prémunir des conséquences des risques de l'existence. Assistance et mutualisme sont les deux sillons d'idées et d'actes, qui se croisent sans jamais se fondre et à partir desquels s'élaborent des règles, des financements, des prestations visant à couvrir des populations exposées à certains risques. Les deux logiques vont ainsi se déployer, chacune à leur manière, mais offrant, dans leur composition, des socles pour les principes et instruments qui présideront à l'établissement de la sécurité sociale.

1. Une « préhistoire » à deux faces. – Les deux veines historiques peuvent s'exploiter de concert. Car, aux côtés de l'assistance, on peut trouver de très anciennes racines aux mécanismes d'entraide, d'indemnisation et de mutualisation.

Malades, orphelins, infirmes font l'objet d'attentions et de protections dans la Rome et la Grèce antiques. Peu d'innovations sont cataloguées de la chute de l'Empire romain au Moyen Âge. Puis, des instruments et des équipements (en particulier les hôpitaux) vont s'affirmer. Générosité de mécènes, de l'Église et interventions royales vont faire surgir des hospices et des hôpitaux dont le rôle originel consiste principalement en l'hébergement des indigents. Pour les artisans et les ouvriers, des sociétés de secours mutuel, appuyées sur des chartes corporatives, mettent en place des garanties et des protections par des cotisations et des indemnités.

À l'assistance charitable de l'Église et de l'aristocratie s'ajoute l'entraide corporative. Dans certains secteurs économiques, de premières formes de protection du travail émergent. Il en va ainsi dans les mines. Henri IV y impose des prélèvements permettant de financer des protections pour les blessés. En 1673, Colbert est à l'origine d'une caisse des invalides de la marine. Soldats et marins bénéficient de mécanismes de prévoyance avec des cotisations et des pensions.

Ces premières actions relevant de la logique mutualiste et assurantielle demeurent toutefois limitées. La prise en charge des problèmes sociaux n'est pas fonction de la profession mais d'un état de besoin. C'est la préoccupation pour la pauvreté qui conduit à développer l'assistance, sur une base principalement locale. S'il est loisible de souligner les réalisations charitables, il est juste de rappeler que, jusqu'au début du XXe siècle, l'orientation courante à l'égard de la pauvreté est, en matière d'intervention publique nationale, d'abord répressive. L'État-gendarme contrôle et réprime dans le cadre d'une lutte opiniâtre contre le vagabondage et la mendicité. La pauvreté et la maladie ne sont pas envisagées comme des problèmes individuels mais comme des menaces collectives.

Toutes les dispositions d'assistance élaborées au cours de l'histoire forment un ensemble touffu mais avec quelques propriétés qui traversent les siècles. Sans relâche, on a cherché à catégoriser, classifier et inventorier les pauvres. Parmi eux, les jeunes et les femmes ont toujours concentré le plus d'attentions. On a constamment attaché une extrême importance à la question du domicile pour limiter les secours aux pauvres de la collectivité. Et, surtout, on a toujours cherché à séparer le « bon » pauvre du « mauvais ». Invariablement, les politiques publiques ont hésité entre la sévérité et la clémence, entre le redressement et la rééducation.

La Révolution française marque des avancées et des reculs. Sur le plan de l'assistance, les travaux du comité de mendicité de l'Assemblée constituante accompagnent l'établissement de principes forts sur les secours publics, nouvelle « dette sacrée ». La déclaration du 24 juin 1793 reconnaît des droits créances du citoyen sur l'État. La société doit permettre à ses membres de disposer de moyens de subsistance, soit en leur offrant du travail soit en procurant les « moyens d'exister » à ceux ne pouvant travailler. Mais les troubles de la période interdisent le passage des grands principes aux réalisations. Et, en 1791, la loi Le Chapelier met un terme, provisoire, au développement des secours mutuels.

2. Un XIXe siècle innovant. – Avec l'approfondissement de la révolution industrielle et de l'urbanisation, le salariat s'affirme progressivement. Sous l'Empire et la Restauration, les règles de charité privée et publique se préoccupent d'un prolétariat grandissant et à la situation sanitaire dégradée. À nouveau autorisées après la révolution de 1830, les mutuelles reprennent place, sous un strict contrôle administratif. Dans un contexte d'insalubrité et de misère urbaines, une loi de 1841 vient encadrer et limiter le travail des enfants. Napoléon III, qui s'est intéressé au paupérisme, prend un décret en 1852 édictant « qu'une société de secours mutuel sera créée par les soins du maire et du curé dans chacune des communes où l'utilité en sera reconnue ». L'empereur s'intéresse aussi à ses marins et leur accorde des indemnités en fonction du nombre d'enfants. Les mutuelles s'étendent en matière de prévoyance, d'épargne et de garanties contre les accidents, le chômage ou la vieillesse.

Alors que dans un pays essentiellement rural la figure de l'indigence était celle, redoutée, du vagabond (avec des individus souvent sans attaches), dans un pays qui s'urbanise et s'industrialise, la question sociale devient celle des ouvriers (dans un rapport de subordination entre un salarié et son employeur).

La fin du XIXe siècle voit des réalisations considérables. En matière d'assurance, la loi du 9 avril 1898, souvent présentée rétrospectivement comme une révolution, modifie le système de responsabilité civile. Elle assure la protection contre les accidents du travail. Les dommages subis par les salariés de l'industrie, du fait de leur travail, sont réparés soit directement par l'employeur soit par des organismes financés par des cotisations et assurant la mutualisation des coûts entre les employeurs. La loi oblige les employeurs à s'assurer afin d'assumer la charge des risques que le travail fait peser sur les salariés.

Le tournant du siècle voit également l'avènement, sans plan d'ensemble toutefois, des premières grandes lois d'assistance. Assistance médicale gratuite (1893), assistance aux tuberculeux (1901), aux enfants (1904), aux vieillards infirmes et incurables (1905), aux femmes en couches et aux familles nombreuses (1913). Ces législations visent, avec des conditions d'éligibilité très restrictives, des catégories particulières de bénéficiaires : malades, vieillards, infirmes privés de ressources, qui sont pris en charge à l'échelle communale.

3. Le début du XXe siècle et les assurances sociales. – Des premières décennies du XXe siècle datent des législations assurantielles ambitieuses, même si leurs réalisations demeurent limitées. La loi du 5 avril 1910 cherche à instituer les retraites ouvrières et paysannes, avec un régime d'assurance vieillesse pour les salariés paysans ou ouvriers faiblement rémunérés. Le dispositif, facultatif, ne connaîtra qu'un succès marginal.

Certaines catégories de la population, dans la fonction publique ou dans les mines par exemple, font l'objet de réalisations d'ensemble instituant des régimes complets de couvertures sociales, justifiés par les spécificités de la relation de travail dans ces secteurs. Ces protections s'inscrivent dans une approche statutaire, leur bénéfice est limité à ces professions.

Deux lois vont créer des assurances sociales à vocation générale. Une première, du 5 avril 1928, suscite l'hostilité des médecins libéraux, des régimes existants et des mutuelles qui y voient de la concurrence. Une seconde loi est votée le 30 avril 1930. Ces législations créent, au bénéfice des seuls salariés de l'industrie et du commerce, le premier système complet et obligatoire d'assurances sociales (couverture de cinq risques : maladie, maternité, invalidité, vieillesse, décès). L'ensemble, organiquement rattaché au salariat, désigne comme risques sociaux des phénomènes qui peuvent entraîner la baisse des revenus d'activité. Le mécanisme des cotisations s'affine. Pour les assurances sociales, la cotisation à verser à l'organisme assureur – que l'assuré peut choisir – s'élève à 4 % du salaire pour le salarié et 4 % pour l'employeur. Toutefois, ces dispositions ne sont obligatoires que pour les salariés dont les revenus sont inférieurs à un certain plafond.

Aux assurances sociales s'ajoutent les allocations familiales. Nées d'initiatives patronales, dans une approche paternaliste et de fidélisation de la main-d'œuvre, elles s'étendent après la Première Guerre mondiale, avec la création dans tout le territoire de caisses de compensation chargées de répartir la charge des allocations familiales entre les employeurs. La loi du 11 mars 1932 les généralise au profit de tous les salariés de l'industrie et du commerce. En 1939, le bénéfice des allocations familiales est étendu à l'ensemble de la population active. Il n'y a pas encore totale généralisation des prestations sans prise en compte de l'activité professionnelle (elle n'interviendra qu'en 1978), mais il y a là un premier pas dans cette direction. Direction qui caractérise à la fois l'ambition et la dynamique de la sécurité sociale.

II. – Le moment 1945

Les assurances sociales créées difficilement après la Première Guerre mondiale n'ont pas eu l'occasion d'accéder à la maturité avant le second conflit mondial.

Durant la guerre, les puissances alliées font référence à la sécurité sociale. Dans la Charte de l'Atlantique, signée le 14 août 1941, Roosevelt et Churchill souhaitent « faire en sorte que se réalise, dans le domaine économique, la plus entière collaboration entre toutes les nations, afin d'assurer à toutes de meilleures conditions de travail, le progrès économique et la sécurité sociale ». La Déclaration de Philadelphie, adoptée le 10 mai 1944 par l'Organisation internationale du travail (OIT), affirme que l'organisation soutiendra partout dans le monde des programmes propres à réaliser, entre autres ambitions, « l'extension des mesures de sécurité sociale en vue d'assurer un revenu de base à tous ceux qui ont besoin d'une telle protection, ainsi que des soins médicaux complets ».

En ce qui concerne la France, un groupe d'experts, dirigé à Londres par Pierre Laroque, va reprendre les textes et logiques d'assurance sociale, mais sous un autre terme, celui de « sécurité sociale ». Ce n'est pas tant la technique que l'objectif qui est alors mis en avant. La sécurité sociale est un idéal, un horizon, celui de l'ensemble des politiques publiques et pas uniquement des dépenses sociales.

La sécurité sociale est contenue, en tant qu'expression et idée, dans le programme du Conseil national de la Résistance (CNR). Celui-ci est souvent brandi comme un étendard et une référence historique incontournable. Le programme, adopté en mars 1944, ne propose rien de détaillé, mais il fixe un objectif très ambitieux, exposé en un paragraphe qui appelle « un plan complet de sécurité sociale visant à assurer à tous les citoyens des moyens d'existence dans tous les cas où ils sont incapables de se le procurer par le travail, avec gestion appartenant aux représentants des intéressés et de l'État ».

L'heure est à la planification : la sécurité sociale – avant d'être une institution – est un plan, accompagnant le plein emploi, enclenchant une politique d'aménagement sanitaire du territoire, organisant la redistribution des revenus issus d'une croissance vive. Les objectifs concrets du plan sont de coordonner les assurances sociales, les accidents du travail et les prestations familiales.

Pour la première fois, en septembre 1944, un portefeuille ministériel est dédié à la fois au Travail et à la Sécurité sociale. Le conseiller d'État et ancien résistant, Alexandre Parodi, en est titulaire. Il œuvre avec Pierre Laroque, nommé directeur général des assurances sociales et de la mutualité. Le successeur d'Alexandre Parodi sera le communiste Ambroise Croizat, très investi dans l'élaboration puis la défense des législations de sécurité sociale.

Deux ordonnances du 4 octobre 1945 (relative à l'organisation de la sécurité sociale) et du 19 octobre 1945 (relative aux prestations de sécurité sociale) créent le système de sécurité sociale. L'exposé des motifs de l'ordonnance du 4 octobre souligne que « tous les pays du monde, dans l'élan de fraternité et de rapprochement des classes qui marque la fin de la guerre, s'efforcent d'instituer au profit des travailleurs et même parfois l'ensemble de leur population un système de sécurité sociale ». Et les rédacteurs de préciser : « la sécurité sociale est la garantie donnée à chacun qu'en toute circonstance, il disposera des moyens nécessaires pour assurer sa subsistance et celle de sa famille dans des conditions décentes ». La sécurité sociale a un dessein majeur : « débarrasser les travailleurs de l'incertitude du lendemain ». C'est le travailleur et sa famille qui sont concernés, dans une logique de sécurité à apporter (avec des prestations) et de dignité à faire respecter (notamment en faisant participer les travailleurs à la gestion des institutions). Concrètement, il s'agit de procéder à « l'aménagement d'une vaste organisation nationale d'entraide obligatoire qui ne peut atteindre sa pleine efficacité que si elle présente un caractère de très grande généralité à la fois quant aux personnes qu'elle englobe et quant aux risques qu'elle couvre ».

1945 crée l'institution Sécurité sociale dans le paysage administratif national et la fait entrer dans la vie quotidienne des Français. Les dispositions reposent sur la technique assurantielle : le financement est totalement assis sur des cotisations et l'acquittement de cotisations conditionne le droit à des prestations – droits immédiats (remboursements d'assurance maladie, allocations familiales) ou différés (pensions de retraite).

Les textes fondateurs organisent à la fois la refonte des assurances sociales et la reconnaissance du rôle complémentaire des mutuelles. Si l'ordonnance du 4 octobre crée un régime général ayant vocation, à terme, à rassembler l'ensemble des actifs, elle reconnaît la possibilité de maintien, présenté comme temporaire, de certains régimes particuliers préexistants. C'est la perspective de généralisation qui constitue la nouveauté de 1945. Ce ne sont plus certaines catégories de la population qui bénéficient de protections, mais toute la population qui doit être protégée, grâce à un regroupement cohérent des éléments de protection élaborés au cours des décennies précédentes. Le moment de 1945, avant d'être une grande création, est une rationalisation, par la création de caisses dédiées en lieu et place d'organisations corporatistes sectorielles et dispersées. Pour remédier à cette dispersion, l'idée force est de structurer le système autour d'une caisse et d'une cotisation uniques. Les assurés n'ont plus la liberté de choisir leur assureur.

L'idée force d'harmonisation, de généralisation, d'unification sera rapidement déçue par le maintien de régimes spéciaux (mineurs, marins, EDF-GDF, SNCF, fonctionnaires et bien d'autres). Ils conservent leur autonomie et leurs spécificités. De nombreuses catégories socioprofessionnelles (travailleurs indépendants, secteur agricole) refusent de rejoindre le régime général naissant. Enfin, la reconnaissance de la spécificité des caisses d'allocations familiales (CAF) empêche la réalisation du projet de caisse unique.

1945 est un moment particulier en raison de la conjonction de plusieurs facteurs. L'ampleur des destructions et problèmes à résoudre pousse à agir. Au discrédit d'une partie du patronat s'ajoutent de hauts niveaux de syndicalisation, notamment au sein de syndicats favorables à l'idée de sécurité sociale. La volonté d'intégrer la classe ouvrière dans la communauté nationale, en lui confiant la sécurité sociale, passe par l'idée d'une démocratie sociale, afin d'éviter le risque révolutionnaire et la perspective d'une démocratie populaire. Tout ce moment n'est pas sans ambiguïtés. Ces ambiguïtés qui perdureront.

Le moment 1945 peut être alternativement présenté comme la rationalisation d'un passé dense ou une révolution en termes d'ambition. Les deux options ont leurs partisans. Il importe tout de même de tempérer le culte dont le « modèle de 1945 » fait parfois l'objet. Ni révolution réussie, ni simple réorganisation bureaucratique, le plan de 1945 consiste en un projet que ses plus fins connaisseurs ont critiqué. L'assurance maladie fut, selon cette ligne de critiques, d'abord aménagée en faveur du corps médical, en confirmant l'exercice libéral. L'assurance vieillesse, avec un âge normal de départ à la retraite à 65 ans, organise un transfert des catégories mal payées et à faible espérance de vie vers les catégories de population qui connaissent cette espérance de vie. L'établissement d'un plafond de cotisations ouvre la voie à des couvertures complémentaires, en particulier pour les retraites.

Les réalisations de 1945 sont fonction des faibles ressources d'un pays qui sort de cinq années de conflit, sans donc les moyens pour créer l'institution idéale. Rétrospectivement, on peut s'étonner que les sujets du chômage et de la pauvreté n'aient pas fait l'objet d'une reconnaissance en tant que risques sociaux, au même titre que les accidents du travail, de la vieillesse, de la maladie et de la famille. Il faudra attendre 1958 pour que les partenaires sociaux, à côté de la sécurité sociale, créent l'assurance chômage. Il y a, on le voit, matière à bien des discussions et pas seulement à célébration.

L'époque n'a d'ailleurs pas été à l'unanimité. Comme à chaque période de révision importante de la protection sociale (les lois de 1928-1930 avant, les innombrables plans après 1945), la création de la sécurité sociale résulte de luttes sociales et idéologiques, qu'incarnent toujours des affrontements plus ou moins feutrés, des critiques et des résistances. En 1945, les médecins ont redouté perdre leur liberté, la mutualité a déploré sa perte d'influence et le patronat a regretté sa moindre emprise sur les prestations familiales et les accidents du travail.

1945 marque l'ouverture de la séquence jamais terminée de productions normatives et de polémiques idéologiques qui, depuis, jalonnent toute l'histoire de la protection sociale française. Le moment 1945 est remarquable, car fondateur. Mais ses conséquences immédiates ne sont pas exceptionnelles.

Pierre Laroque (1907-1997)

Habituellement présenté comme le « père » de la sécurité sociale, Pierre Laroque compte parmi les hauts fonctionnaires qui ont participé à la reconstruction de la France d'après guerre. Laroque a d'abord contribué, au début des années 1930, à la mise en œuvre des assurances sociales. Exclu de toute responsabilité dans le secteur public par les lois vichystes d'épuration, il rejoint Londres, où il constate l'impact du rapport Beveridge. Il débarque en Normandie en juin 1944. Fidèle à l'idéal de solidarité de la résistance, il est instigateur et bâtisseur de la sécurité sociale. Il en sera le premier directeur général. Le « président » Laroque, membre du Conseil d'État, sans affiliation politique ni syndicale, est resté tout au long de sa carrière (et de sa retraite) un expert écouté des différents ministres qui se sont succédé. Sa préoccupation fondamentale aura été de « débarrasser les travailleurs de la hantise du lendemain ». Il a toujours plaidé pour une organisation coordonnée, dépassant les réponses catégorielles. Constatant le succès limité de la démocratie sociale, Laroque a plusieurs fois déploré les particularismes (les « égoïsmes de catégories »), la fragmentation et la complexité du système. Hostile à la séparation des branches (maladie, famille, vieillesse) décidée en 1967, Laroque s'est également opposé à l'étatisation de la sécurité sociale, tout en se prononçant pour la diversification de l'assiette de ses recettes.

III. – Révisions permanentes et extension cohérente

Le système de sécurité sociale s'est étendu, à partir de la matrice déterminée en 1945, au-delà du strict domaine de la sécurité sociale, pour construire un des systèmes de protections socialisées les plus denses au monde. Cette extension s'est appuyée sur des réformes, structurelles et paramétriques, affectant l'organisation du système, son financement et ses prestations.

1. Extension progressive de la sécurité sociale. Alors que l'institution est créée sur les ruines d'un pays dévasté par la guerre, elle bénéficie de la croissance économique des Trente Glorieuses. Cette croissance accompagne la continuation du double mouvement de salarisation et d'urbanisation de la population. La sécurité sociale connaît alors une double dynamique d'extension et d'amélioration des couvertures. Elle cherche à protéger l'ensemble de la population avec des prestations améliorées. L'échec, par rapport au projet originel, est de n'avoir pas réussi à instaurer un régime unique. La logique poursuivie tient d'une généralisation progressive, avec la création de nouveaux régimes sur des bases socioprofessionnelles, et d'ajouts de compléments de protection.

L'extension à toute la population est pourtant immédiatement contrariée. Elle avait été prévue dans une loi de 1946 portant généralisation de la sécurité sociale. Le texte visait la couverture intégrale, c'est-à-dire assurer le bénéfice des législations sur la sécurité sociale pour toute la population. Elle fut repoussée, notamment par les indépendants refusant d'être assimilés aux salariés. La dynamique de sécurité sociale relève ensuite d'ajouts successifs, ajouts de nouvelles populations dans des protections qui s'étendent, ajouts de nouvelles protections pour des populations particulières.

A) *Des protections complémentaires pour les salariés.* – Une première extension réside dans la création des régimes de retraite complémentaire. Ceux-ci ne relèvent pas *stricto sensu* de la sphère de la sécurité sociale, mais ils incarnent, dès ses premières années, la logique ininterrompue de renforcement de la protection sociale. Puisque les pensions sont, à l'origine, fixées à de très faibles niveaux avec des plafonds de cotisations et de prestations, la nécessité de compléter le système se fait jour. Les cadres créent, en 1947, l'Association générale des institutions de retraite des cadres (AGIRC). Ce premier accord interprofessionnel est complété, en 1961, par un second accord créant, pour les autres salariés du secteur privé, l'Association pour le régime de retraite complémentaire des salariés (ARRCO). Ces deux régimes conventionnels deviennent obligatoires par une loi du 29 décembre 1972.

B) *La sécurité sociale pour les non-salariés.* – Au-delà des seuls salariés, des régimes spécifiques d'assurance vieillesse sont institués en 1948 au profit des professions non salariées et non agricoles (artisans, commerçants, professions libérales). En 1952, est créé le régime d'assurance vieillesse obligatoire des exploitants agricoles. En 1961, on institue un régime autonome d'assurance maladie-maternité-invalidité obligatoire des exploitants agricoles. En 1966, est créé le régime autonome d'assurance maladie maternité pour les non-salariés non agricoles. En 1978, naît un régime particulier pour les ministres du culte et les membres des congrégations religieuses. La même année est créé un mécanisme d'assurance personnelle pour toutes les personnes qui ne relèvent pas d'un régime existant.

C) *Des prestations contre le chômage et la pauvreté.* Aux frontières mais en lien avec la sécurité sociale, des assurances et prestations d'assistance nouvelles viennent compléter l'édifice dessiné en 1945. En 1958, un accord interprofessionnel crée le régime d'assurance chômage, géré par l'Union nationale interprofessionnelle pour l'emploi dans l'industrie et le commerce (Unédic). Ses interventions vont progressivement se combiner avec celles de l'État. Les réseaux de l'Unédic et ceux de l'Agence nationale pour l'emploi (ANPE) ont d'ailleurs été fusionnés pour donner lieu à un nouvel opérateur central du service public de l'emploi : Pôle Emploi. Illustrant l'affirmation du risque pauvreté sous différentes formes, des prestations non contributives, relevant d'une logique d'aide sociale (non d'assurance mais d'assistance) sont venues s'ajouter à la sécurité sociale, tout en étant parfois gérées par les caisses. Un minimum vieillesse, versé aux retraités n'ayant pas assez cotisé, est créé en 1956. Au milieu des années 1970, sont établies une allocation aux adultes handicapés (AAH) ainsi qu'une allocation parent isolé (API). Une allocation de solidarité spécifique (ASS), versée aux chômeurs en fin de droits, est mise en place en 1984. En 1988 un revenu minimum d'insertion (RMI) assurant des ressources minimales aux précaires est voté. Il sera réformé vingt ans plus tard en un RSA qui intègre RMI et API. Ces prestations de solidarité, financées essentiellement par l'État, ont pris de l'ampleur : en 2013, plus de 21 milliards d'euros ont été consacrés aux minima sociaux qui comptent près de 4 millions de bénéficiaires directs ; ce qui représente, avec leurs familles, près de 7 millions de personnes, soit plus de 10 % de la population française.

D) *Une dynamique de généralisation dans la diversité.* – Avec le temps, l'ensemble de la population est couverte, non par une caisse et des mécanismes unifiés, mais par des ajouts divers et successifs. L'assurance vieillesse obligatoire est généralisée en 1975 à l'ensemble de la population active. À partir de 1978, tous les résidents sur le territoire français bénéficient des mêmes prestations familiales. La couverture maladie universelle (CMU) est créée en 1999. Elle n'est pas universelle, car sous condition de ressources, donc réservée aux plus démunis. Dès lors, les droits à l'assurance maladie ne sont plus fondés sur le statut professionnel mais sous condition de résidence.

3. Révisions permanentes de la sécurité sociale. Extension et généralisation dérivent d'un mouvement continu d'adaptation. La sécurité sociale est un domaine de réforme permanente, pour accompagner la généralisation des protections, pour s'adapter aux besoins de la population, pour régler les difficultés administratives et financières. Il s'ensuit une révision, à flux continu, des paramètres des prestations et services. Ces réformes s'incarnent dans une longue litanie de « plans », généraux ou sectoriels, souvent présentés comme l'ultime solution mais fréquemment condamnés à déboucher sur de nouveaux plans.

A) *Distinction des risques et des caisses.* – Une vingtaine d'années après l'établissement de la sécurité sociale, quatre ordonnances du 21 août 1967 réorganisent profondément le régime général. La « réforme Jeanneney » (du nom du ministre des Affaires sociales), légitimée par l'une des premières crises financières fortes de la sécurité sociale, distingue financièrement les risques dans trois « branches » distinctes (santé, vieillesse, famille). Cette séparation financière est consacrée, au plan institutionnel, par la création de trois caisses nationales : la Caisse nationale d'assurance maladie des travailleurs salariés (CNAMTS), la Caisse nationale d'assurance vieillesse des travailleurs salariés (CNAVTS) et la Caisse nationale des allocations familiales (CNAF). La gestion de la trésorerie des différentes branches est confiée à la nouvelle Agence centrale des organismes de sécurité sociale (ACOSS). Cette distinction, permettant une gestion spécialisée, est faite dans un souci de responsabilisation et de bonne gestion de chaque branche dotée de cotisations affectées.

B) *Réformes répétées des retraites.* – Si tous les domaines de la sécurité sociale font l'objet de réformes successives, l'activité réformatrice a été intense en matière de retraite. Par une ordonnance du 26 mars 1982, l'âge de la retraite est abaissé à 60 ans. En 1993, la durée d'assurance requise pour bénéficier d'une pension à taux plein (pension complète) est augmentée pour les salariés du secteur privé (de 37,5 ans à 40 ans). Dix ans plus tard, la loi du 21 août 2003, dite Fillon, organise, entre les différents régimes, l'augmentation et l'harmonisation progressive de la durée d'assurance pour bénéficier d'une pension à taux plein. Cette loi crée aussi le dispositif de départ anticipé pour carrière longue permettant aux salariés ayant commencé à travailler jeunes de partir en retraite avant 60 ans. La loi du 9 novembre 2010 introduit un recul progressif de l'âge légal de départ à la retraite de 60 à 62 ans et allonge la durée de cotisation pour bénéficier du taux plein. Elle renforce le dispositif « carrières longues ». Elle recherche la convergence entre secteurs public et privé. La loi du 20 janvier 2014 poursuit ces ajustements. Elle maintient l'âge de départ à la retraite à 62 ans mais prévoit l'allongement de la durée d'assurance nécessaire pour bénéficier du taux plein (passage progressif de 41 à 43 ans). Elle crée, à compter de 2015, un compte personnel de prévention de la pénibilité permettant notamment aux salariés exposés à des tâches pénibles de partir en retraite de manière anticipée.

C) *Réformes successives de l'assurance maladie.* L'assurance maladie fait également l'objet d'une intense activité réformatrice, avec de multiples plans successifs de maîtrise des dépenses. Le plan Juppé de 1995 introduit de premières évolutions fortes en matière de négociations avec les professionnels et de tarification des soins. Plus récemment, la loi du 13 août 2004, dite Douste-Blazy, assure une réforme profonde de l'assurance maladie par la création du médecin traitant. Cette loi promeut le recours aux médicaments génériques. Elle ouvre un droit, pour les personnes à faibles ressources, à bénéficier d'une prise en charge de leur complémentaire santé (aide à l'acquisition d'une complémentaire santé – ACS). Elle entend responsabiliser les assurés en les mettant à contribution (forfaits, notamment d'un euro sur chaque consultation). Surtout, elle développe la « gestion du risque », c'est-à-dire une action délibérée pour contenir les dépenses de santé, en s'appuyant notamment sur les recommandations de la nouvelle Haute Autorité de santé. La loi du 21 juillet 2009, dite « hôpital, patients, santé et territoires », poursuit les évolutions du système de santé en réformant la gestion et la gouvernance des hôpitaux et en créant les nouvelles agences régionales de santé (ARS) assurant la gestion territoriale de la santé (prévention, gestion des risques, pilotage des professions médicales et des établissements de santé).

D) *La réforme majeure du financement : la création de la CSG.* – La loi du 29 décembre 1990 crée la contribution sociale généralisée (CSG). La nouvelle contribution étend le prélèvement social à l'ensemble des revenus : activité, remplacement, produits du patrimoine et des placements ou des jeux. À cette CSG s'ajoute, par une ordonnance du 24 janvier 1996, la contribution au remboursement de la dette sociale (CRDS) dont le produit est affecté à la Caisse d'amortissement de la dette sociale (CADES) chargée de la gestion des déficits des régimes de sécurité sociale.

La création de la CSG marque un tournant fondamental. Il n'est plus possible de faire peser le financement uniquement sur le travail, par l'augmentation des cotisations. Le chômage pèse sur les ressources de la sécurité sociale. Les ressources de la sécurité sociale pèsent sur l'emploi. La CSG fait évoluer le financement qui n'est plus assis uniquement sur les produits de l'activité professionnelle. Tous les revenus sont mis à contribution, compte tenu du fait que, désormais, la protection est accordée de moins en moins sous condition de cotisation préalable. La création de ce prélèvement au taux proportionnel, frappant tous les revenus, constitue pour les experts la plus importante réforme fiscale depuis les mises en place de l'impôt sur le revenu et de la taxe sur la valeur ajoutée.

E) *Des réformes débattues et souvent difficiles.* – La succession de plans devient organisée suite à la création, en 1996, de lois de financement de la sécurité sociale (LFSS) permettant d'apporter chaque année des aménagements aux prestations versées et aux prélèvements opérés. Le Parlement, associé ainsi directement à l'équilibre financier de la sécurité sociale, se prononce depuis, chaque année, sur les recettes et dépenses des branches. Toujours en 1996 est créé l'objectif national des dépenses d'assurance maladie (ONDAM).

Les différentes réformes sont d'importance variable. Elles cristallisent néanmoins des oppositions et des réticences très fortes. Un bon exemple est constitué par le plan Juppé de novembre 1995. Il représente la dernière tentative de réforme globale de la sécurité sociale dans son organisation. Les changements envisagés en matière de gouvernance et d'assurance vieillesse ou d'assurance maladie ont recueilli des critiques fortes et ont conduit à l'une des plus grandes grèves de l'histoire, avec notamment une très forte mobilisation des assurés des régimes spéciaux. Bien que discutées, nombre des évolutions introduites dans le cadre de ce plan ont été depuis préservées voire confortées. Tel est le cas du nouvel équilibre entre les partenaires sociaux et les directeurs gérant les organismes, la création des lois de financement, le pilotage renforcé des dépenses d'assurance maladie. Toutes ces réformes sont, dans leurs attendus comme dans leurs conséquences, diversement appréciées, en fonction des convictions et visions de ceux qui en analysent les objectifs, les instruments et les résultats. En matière de sécurité sociale, que cela concerne les dépenses, les recettes et l'organisation, les réformes sont d'abord critiquées, envisagées comme des régressions, puis souvent appliquées dans la durée.

4. Cohérence et continuité. – La sécurité sociale est une réforme permanente. Son objet est de répondre aux besoins de la population – la transformation des attentes appelant constamment des ajustements –, dans le respect de la recherche de la préservation de l'équilibre financier. Il y a naturellement des discussions partisanes entre majorité et opposition mais les évolutions de la sécurité sociale (telles que sa généralisation progressive, la création de prestations de solidarité, le lien de plus en plus ténu entre la couverture et le statut professionnel) n'appellent pas de remises en cause structurelles au fil des alternances. Le système en tant que tel fait désormais consensus : aucune organisation politique de premier plan ne prône sa disparition. Indicateur de ce relatif consensus, la politique de baisse du coût du travail *via* des allégements et exonérations de cotisations a constitué, depuis les années 1990, un moyen privilégié de lutter contre le chômage, pour la gauche comme pour la droite.

Au-delà de l'approfondissement des couvertures, la recherche de cohérence se caractérise dans l'évolution du financement. Outre la création de la CSG, l'unité de la sécurité sociale est progressivement affirmée par l'introduction de mécanismes de solidarité (les transferts et compensations) entre les régimes socioprofessionnels. De son côté, l'État est amené à financer ou à affecter des recettes à certains régimes compte tenu de leur situation critique. Enfin, l'État prend en charge les dépenses dites de solidarité, ou compense les manques à gagner liés aux allégements de cotisations sur les bas salaires. L'importance des masses financières de la protection sociale conduit à les imbriquer de plus en plus dans le dispositif global de gestion des finances publiques.

Au total, la trajectoire historique d'extension de la sécurité sociale produit une protection sociale cohérente. Si une plus forte articulation avec l'État est recherchée, la singularité du système français persiste. La sécurité sociale n'est pas organiquement intégrée à l'État. Les dépenses sociales, avec des recettes propres, ne sont pas budgétisées. Régimes et branches demeurent – pour partie – gérées par les partenaires sociaux.

Sous un déluge de sigles et d'institutions, l'ensemble présente une complexité élevée, mais aussi une incontestable complétude. Ses fondements, ses performances, ses limites prêtent toujours à de légitimes débats. Mais l'essentiel du projet de couverture générale a été atteint, non pas dans l'uniformité et l'unité souhaitées, mais dans une diversité qui s'explique en partie par l'hybridation du système.

IV. – Un système devenu hybride

L'Anglais Beveridge compose, avec l'Allemand Bismarck, un des deux pôles fondamentaux des débats toujours actuels sur la protection sociale, sur la distribution des rôles de l'État et notamment du Parlement, des partenaires sociaux et du secteur privé.

1. Bismarck et Beveridge : personnages et idées clés. – Otto Eduard Leopold von Bismarck (1815-1898) est un homme politique à l'origine de l'unité allemande. Il a donné son nom à un certain type de protection sociale : le genre « bismarckien ». L'appellation désigne des systèmes d'assurances sociales rattachés au travail. Le travailleur et sa famille sont protégés par des assurances obligatoires, financées par des cotisations assises sur les revenus d'activités et gérées, dans des caisses autonomes de l'État, par les partenaires sociaux. C'est en réponse à l'agitation socialiste, pour combattre les socio-démocrates, que Bismarck engage une série de réformes sociales qui firent de l'Allemagne un grand précurseur. Interdisant, d'un côté, le parti social-démocrate, il introduit, de l'autre, des législations novatrices et favorables aux partisans potentiels de la social-démocratie. En 1883, est mis en place le premier système d'assurance maladie obligatoire pour les ouvriers. L'édifice repose sur des institutions particulières dont la responsabilité est confiée aux représentants des ouvriers. À partir de 1884, les industriels doivent cotiser à des caisses qui gèrent le risque d'accident du travail. En 1889, une loi sur l'assurance vieillesse met en place des retraites (qui pouvaient être prises à 65 ans – âge qu'on atteignait rarement à l'époque). Ces éléments ont inspiré de nombreux pays dont la France, mais également le Luxembourg, les Pays-Bas, l'Autriche, l'Italie, la Belgique.

William Henry Beveridge (1879-1963) partage avec Bismarck le privilège d'avoir laissé son nom à une forme de protection sociale. Économiste spécialiste du chômage, il fut journaliste, fonctionnaire, parlementaire, directeur de la prestigieuse London School of Economics. Inspiré par Keynes (autre Lord économiste), il est passé à la postérité pour sa plus fameuse contribution, le « rapport Beveridge », de 1942. Il y recommande des interventions publiques afin de combattre les cinq « grands maux » de l'histoire : la maladie, l'ignorance, le besoin, la misère et l'oisiveté. Pour protéger les citoyens « du berceau à la tombe » et pour « mettre l'homme à l'abri du besoin », il pose trois grands principes (les célèbres trois « U ») : l'Universalité (une couverture pour tout le monde), l'Uniformité (une aide identique pour tous), enfin l'Unicité (une administration gestionnaire unique). Le système de protection sociale britannique s'est construit en partie en référence à ses propositions qui ont également inspiré le plan français de sécurité sociale.

Issue de sa trajectoire singulière, la sécurité sociale à la française a hérité de ces deux traditions. On a même pu dire que le système français voulait réaliser les objectifs de Beveridge (notamment une couverture générale) avec les instruments de Bismarck (un financement d'abord exclusivement professionnel).

2. La sécurité sociale : un composé de logiques différentes. – À l'origine et encore largement aujourd'hui, la sécurité sociale est un ensemble d'assurances obligatoires attachées au travail. En ce sens, elle est pleinement d'essence bismarckienne, dans une logique de revenus de remplacement ou de complément du travail, avec des protections collectives construites à partir des métiers. Dans les comparaisons internationales, le régime bismarckien est dit à trois « C », car il est « conservateur » (il est là pour le maintien des revenus et des situations), « corporatiste » (il est, en théorie, géré par les corps professionnels) et « continental » (c'est en Europe continentale qu'il s'est implanté).

Les systèmes libéraux et socio-démocrates font davantage référence au britannique Beveridge, et concernent géographiquement les Anglo-Saxons et les Scandinaves. Les premiers visent, d'abord, la réduction de la pauvreté ; les seconds, l'égalisation des conditions. Les premiers s'attaquent à la pauvreté mais s'intéressent peu aux inégalités. Les seconds sont, précisément, en place pour atténuer voire éradiquer les inégalités. Tous les deux sont financés par l'impôt, alors que la base des mécanismes bismarckiens d'assurance sociale est la cotisation assise sur le salaire. Dans le système bismarckien, sans cotisation, pas de protection, ou, à défaut, le passage par le bon vouloir des collectivités territoriales et/ou des œuvres privées. Son ambition n'est pas de lutter contre les inégalités, celles-ci naissent ou se renforcent en fonction des corporations qui gèrent différemment la protection sociale. La première inégalité est donc entre ceux qui travaillent et les autres.

Trois « modèles » ou « régimes » d'État providence

	Libéral	Social-démocrate	Conservateur-corporatiste
Référence historique	Beveridge	Beveridge	Bismarck
Objectifs	Lutter contre la pauvreté et le chômage	Assurer un revenu à tous, redistribution égalitaire	Maintenir le revenu des travailleurs
Principe de fonctionnement	Ciblage	Universalité	Contribution
Nature de la prestation	Sous condition de ressources	Forfaitaire, services sociaux	Contributive, proportionnelle aux revenus
Mode de financement	Impôts et dotations budgétaires	Impôts et dotations budgétaires	Cotisations sociales et taxes affectées
Structure de décision et de gestion	État central	État décentralisé	Partenaires sociaux

D'après les travaux de Bruno Palier
à partir de ceux de Gøsta Esping-Andersen.

Bien malmenés, ces dernières décennies, par le chômage et les mutations familiales, par la reconnaissance de la pauvreté comme problème contre lequel il convient d'agir à l'échelle nationale, les fondements bismarckiens du modèle français sont devenus problématiques. La sécurité sociale, dans son mouvement d'extension, a connu de fortes évolutions sur les fronts des retraites, de l'emploi, de la santé, et de la politique familiale. Sans rupture soudaine, des transformations structurelles ont affecté les fondamentaux du modèle français, sur les plans de l'organisation, des objectifs et du financement. Alors que sa vocation première était d'accompagner la montée de la classe moyenne salariée, ce qui commande l'extinction du chômage, la sécurité sociale a été progressivement complétée ou concurrencée (selon les points de vue) par le bas, avec des politiques d'assistance (comme le RMI/RSA ou la CMU) qui s'étendent, et, par le haut, avec un recours accru (encouragé par la fiscalité) à la prévoyance. Compte tenu des masses financières en cause, la présence de l'État s'est renforcée notamment par la création des lois de financement (LFSS) ; les recettes se sont diversifiées (création de la CSG). S'il n'y a pas refonte radicale, il y a eu, pas à pas, hybridation et composition entre les logiques bismarckienne (maintenir le revenu des travailleurs), libérale (lutter contre la pauvreté, en ciblant les prestations) et social-démocrate (en visant davantage d'égalité, notamment entre hommes et femmes). Les principales réformes (CSG, RMI, CMU, lois de financement) ont poursuivi une voie originale, conduisant à définir un système français particulier qui échappe pour partie aux typologies. L'identité de la sécurité sociale s'est affirmée au sein de l'État tandis que la solidarité s'élargissait, sans mettre fin à des régimes de base autonomes et construits sur des périmètres professionnels.

C'est le constat d'hybridation croissante qui rend toujours plus compliquée la description de la sécurité sociale. Les bornes de celles-ci sont de plus en plus diluées, et les vraies frontières sont en réalité celles de la protection sociale dans son ensemble. Si, organiquement, la sécurité sociale se distingue au sein de la protection sociale, de plus en plus, dans le discours comme dans la réalisation quotidienne ou dans la présentation des comptes, les notions deviennent synonymes. Le juriste et le comptable trouveront à y redire. Le praticien et l'observateur l'enregistrent. Mais, au fond, un principe unifie l'ensemble : la solidarité.

V. – Un principe fondamental : la solidarité

La solidarité campe comme principe premier de la sécurité sociale. Si elle trouve sa traduction juridique dans le premier article du Code de la Sécurité sociale, elle est d'abord une construction doctrinale qui a accompagné la progression des institutions et leurs ambitions.

1. Sociologie et solidarisme en fondement de la solidarité. – Issue des mobilisations et luttes sociales des XIXe et XXe siècles, la sécurité sociale oppose une vision de la solidarité collective obligée et une vision de l'entière responsabilité individuelle. L'option libérale est une critique qui accompagne les politiques sociales depuis leurs origines.

Une grande sociologie de la solidarité a été proposée par Émile Durkheim (1858-1917). Durkheim souligne le passage d'une solidarité mécanique (caractéristique de communautés réduites dans lesquelles les individus se rassemblent par ressemblance) à une solidarité organique (typique de sociétés plus complexes où la question est d'assurer la complémentarité des différences). Si l'assistance publique et l'assurance privée peuvent s'affirmer, en tant que mécanismes, dans des communautés aux propriétés délimitées, c'est une autre organisation solidaire qui doit présider à la collaboration et à l'entraide dans des univers plus compliqués (plus urbains, plus industriels, plus salariés).

Durkheim propose une conceptualisation de la solidarité. Les solidaristes en font un fondement pour une organisation sociale nouvelle. Le solidarisme – comme doctrine soucieuse de dépasser socialisme et libéralisme – a accompagné la IIIe République. Cette pensée a puissamment contribué à l'affirmation doctrinale et institutionnelle des mutuelles, des coopératives puis de la sécurité sociale. L'idée force du solidarisme tient dans l'interdépendance des hommes. Ceux-ci sont tous débiteurs et obligés les uns à l'égard des autres. Représentant éminent de ce courant de pensée, Léon Bourgeois (1851-1925), qui a occupé de nombreuses responsabilités publiques et a reçu le prix Nobel de la paix en 1920, est l'auteur d'un très influent *La Solidarité* (1896). Critiquée par les marxistes, comme « petite bourgeoise » [*sic*], et par les libéraux, comme attentatoire aux libertés, la doctrine de Léon Bourgeois est une référence cardinale de tout débat sur les fondements de la protection sociale. Il estime que « l'homme naît débiteur de l'association humaine », ce qui le rend obligé de ses contemporains mais aussi de ses aînés et de ses descendants. Le solidarisme naît de l'idée d'une « dette sociale » qui implique, pour les individus, des droits à une éducation, un socle de biens de base pour exister, et des assurances contre les principaux risques de la vie.

Autre penseur important, influencé par Durkheim, Léon Duguit (1859-1928) est un théoricien du droit inspiré par la philosophie classique et la sociologie naissante. Avec l'idée d'un droit sans transcendance, qui donne corps à la solidarité, les analyses de Duguit placent l'État sous l'égide de l'intérêt général, du droit social et du service public. Pour Duguit, l'État républicain se fonde sur le service public, instrument qui permet à l'intérêt général de transcender les intérêts particuliers. « Relève du service public toute activité dont l'accomplissement doit être assuré, réglé et contrôlé par les gouvernants, parce que l'accomplissement de cette activité est indispensable à la réalisation et au développement de l'interdépendance sociale. » Si Duguit n'évoque pas la sécurité sociale, il place la « solidarité sociale » en objectif des services publics.

Interdépendance des êtres humains comme constat et comme ambition, solidarité sociale comme visée et comme moyen : telles sont les conclusions et propositions qui, des chaires universitaires aux arènes parlementaires, ont accompagné la constitution de l'assistance, du mutualisme, des assurances sociales et préparé l'avènement de la sécurité sociale. Non sans rudes disputes avec les marxistes (qui pensent d'abord lutte des classes) et les libéraux (qui, aux obligations collectives, objectent la liberté individuelle).

Une objection libérale radicale :
Friedrich Hayek (1899-1992)

L'économiste Hayek, contempteur de toute protection sociale obligatoire, rejette l'intervention publique en matière de solidarité. Cet « anti-Keynes » qui est aussi un anti-Beveridge, s'est consacré à la défense des mécanismes autorégulateurs du marché. Il affirme « la supériorité de l'ordre spontané sur l'ordre décrété » et confère à l'État le seul rôle de permettre l'ajustement mutuel des préférences et des anticipations individuelles. Selon lui, la justice sociale est un « mirage », une « incantation inepte », un « fantasme ».

Elle constitue un obstacle majeur au marché et, partant, à la survie en société. Pour Hayek les droits sociaux sont « absurdes » car il s'agit de créances dont le recouvrement ne peut être justement assuré. « Des règles de juste conduite ne peuvent jamais conférer à titre personnel un droit à tel ou tel bien ; elles ne peuvent procurer que des possibilités d'acquérir un titre à quelque chose. » Pour Hayek tout plan collectif, comme le plan de sécurité sociale, est un chemin vers le totalitarisme. Ironie de l'histoire des idées, Hayek se voit attribuer le prix Nobel d'économie en 1974 en même temps que Gunnar Myrdal (1898-1987), un Suédois dont les analyses et recommandations, menées avec son épouse Alva, ont servi de base à l'architecture de la protection sociale de type social-démocrate. D'un côté, le refus libéral de tout droit social, de l'autre, l'idée d'investissements publics à consentir pour une gamme importante de services et d'équipements.

2. La solidarité en fondement de la sécurité sociale. Puisant aux sources de l'assistance, de l'assurance et de la prévoyance, la sécurité sociale s'en distingue. À la différence de l'assistance publique, elle se veut constituée de droits des individus et gérée par les intéressés. À la différence de l'assurance privée, elle prélève des cotisations qui sont fonction non du risque couvert mais des moyens de l'assuré. À la différence de la prévoyance mutualiste, liée à des adhésions facultatives, affiliation et assujettissement à la sécurité sociale sont obligatoires. Les débats initiaux sur l'assurabilité, la légitimité de l'intervention publique et la progressivité du financement perdurent aujourd'hui. Ils opposent classiquement les tenants de la liberté et les tenants de l'obligation.

En 1945, l'idée est de libérer de l'assistance (qui place sous l'arbitraire souvent humiliant d'une décision discrétionnaire) et de l'assurance (qui place inégalement sur le marché et exclut certains des couvertures offertes). Mêlant dimension assurantielle et vocation universelle, l'architecture de la sécurité sociale s'est développée, à côté des réglementations d'aide sociale (héritières des anciennes dispositions d'assistance) et en primauté sur des prestations complémentaires et supplémentaires (héritières des principes et méthodes du mutualisme et de l'assurance privée). La nouveauté, avec la sécurité sociale, tient dans l'affirmation et l'institutionnalisation du principe de solidarité. Ni assurance (car liée d'abord à une appartenance nationale, professionnelle ou familiale), ni assistance (car il y a contribution), la solidarité se pose en principe fondamental, à côté notamment de la liberté et de l'égalité.

Mise en avant par la pensée politique, la notion a son origine juridique en tant que conception d'obligations collectives. Elle figure au premier article du Code de la Sécurité sociale (article L. 111-1) : « L'organisation de la sécurité sociale est fondée sur le principe de solidarité nationale. » Après cette première mention de la solidarité nationale, sont apportées des précisions substantielles sur ce qu'est la sécurité sociale : « Elle garantit les travailleurs et leur famille contre les risques de toute nature susceptibles de réduire ou de supprimer leur capacité de gain. Elle couvre également les charges de maternité, de paternité et les charges de famille. Elle assure, pour toute autre personne et pour les membres de sa famille résidant sur le territoire français, la couverture des charges de maladie, de maternité et de paternité ainsi que des charges de famille. Cette garantie s'exerce par l'affiliation des intéressés et le rattachement de leurs ayants droit à un (ou plusieurs) régime(s) obligatoire(s). Elle assure le service des prestations d'assurances sociales, d'accidents du travail et maladies professionnelles, des allocations de vieillesse ainsi que le service des prestations familiales. » La rédaction de cet article reprend, pour partie, l'exposé des motifs et le texte de l'ordonnance du 4 octobre 1945. Si la mention de la solidarité nationale a été introduite plus tard, sa présence n'en revêt pas moins un caractère fondamental. Elle désigne la sécurité sociale comme un système solidaire de socialisation des risques de l'existence, avec une triple dimension de solidarité. Tout d'abord, si celle-ci est dite nationale c'est parce qu'elle est organisée sur un territoire, sans être réservée aux nationaux. Ensuite, elle protège le travailleur, réaffirmant par là l'origine professionnelle, salariale même, des assurances sociales. Enfin, c'est aussi la famille qui est protégée par l'intermédiaire du travailleur et par la mécanique des droits dérivés (les enfants et le conjoint sont les ayants droit de l'assuré social). La solidarité, dans la sécurité sociale, est donc nationale, mais aussi professionnelle et familiale. C'est dire si elle est ample. C'est dire également combien de conflits sont potentiellement en germe entre ces trois dimensions qui peuvent être complémentaires mais également concurrentes. À mesure du temps, la solidarité nationale, avec ses sécurités matérielles, s'est en effet imposée aux côtés (certains diront en substitution) des solidarités familiales (qui sont les « protections sociales rapprochées ») et des solidarités professionnelles. Ces trois dimensions coexistent, plus ou moins harmonieusement, composant l'ensemble de l'édifice de protection sociale des individus.

À la différence de l'assistance discrétionnaire locale, la solidarité nationale organise des droits (prestations) et des devoirs (cotisations) pour les débiteurs et les créanciers de la sécurité sociale. À la différence du mutualisme volontaire, la solidarité nationale oblige. Les ressortissants de la sécurité sociale n'en sont pas adhérents mais affiliés obligatoires. La solidarité nationale, à laquelle se rattache le projet de démocratie sociale (la gestion de la sécurité par les intéressés), introduit la possibilité d'une citoyenneté sociale. Celle-ci repose sur un système de contributions et de protections qui doivent permettre aux individus, et pas seulement aux travailleurs, de ne plus être dépendants, tout en assurant leur interdépendance.

Solidarité et redistribution

Des communautés primitives aux sociétés contemporaines, la question de la redistribution est passée d'une quête de justice dans la répartition des terres à une volonté de répartir autrement les revenus. La solidarité de type sécurité sociale organise des redistributions. On distingue, classiquement, deux types de redistribution qui produisent leurs effets *via* les dépenses (prestations) et les modes de financement (cotisations, impôts et taxes). La redistribution verticale correspond aux transferts de ménages plus fortunés vers des ménages plus nécessiteux. Elle est mise en œuvre par des prestations monétaires ciblées ainsi que par des mécanismes de financement conduisant à solliciter davantage les ménages ayant des revenus élevés. La redistribution horizontale consiste à assurer une redistribution entre des groupes de population selon leurs situations objectives, sans prise en compte de leurs niveaux de revenus. On peut penser au financement des soins des assurés malades par les salariés actifs, au système de retraite par répartition qui conduit à financer les pensions des retraités par les contributions des travailleurs en activité, aux allocations familiales qui sont, en quelque sorte, un transfert de ménages sans enfants vers des ménages avec enfants. L'ensemble des politiques publiques a, en réalité, une dimension redistributive, plus ou moins explicite. Au sujet de la protection sociale, l'analyse des effets redistributifs porte sur les ménages et les individus, mais aussi sur les territoires. Avec un principe de solidarité nationale, les prestations sont, pour l'essentiel, à barème national. Elles opèrent, de la sorte, une puissante redistribution entre les territoires.

Si le système est devenu hybride, c'est avant tout par la volonté d'apporter une réponse pragmatique aux besoins. Le renforcement constant de la solidarité résulte de la situation économique qui, depuis des décennies, laisse une part importante de la population hors du marché du travail et de la relation de travail « standard » (contrat à durée indéterminée et à temps plein). Plus que la distinction entre assurance et solidarité, l'approche séparant les *insiders* qui bénéficient d'une situation professionnelle stable et d'une protection sociale étendue et les *outsiders* qui sont à l'écart du marché de l'emploi et bénéficient de protections minimales s'est imposée. De larges parties de la population sont, à bon ou à mauvais droit, convaincues d'être laissées pour compte et sur le bord du chemin. Différentes catégories ont souvent le sentiment, tant en matière sociale que fiscale, d'être défavorisées par rapport à leurs contemporains soit en bénéficiant de prestations limitées soit en acquittant des prélèvements trop importants. Cette structuration binaire du débat (ceux qui cotisent face à ceux qui profitent) informe peu de la réalité des transferts socio-fiscaux, sur le temps d'une existence, et ne donne pas de véritables clés pour faire, éventuellement, le choix entre système collectif et prévoyances individuelles.

PRESTATIONS, INSTITUTIONS, ORGANISATIONS

La sécurité sociale se présente comme le service public qui protège chacun contre les risques de l'existence, à chaque étape de la vie. Mais elle ne protège pas exactement de la même façon et pas avec les mêmes institutions. À rebours de l'ambition unificatrice de 1945, elle repose sur une juxtaposition de régimes. Une présentation en régimes doit être précédée d'une description plus large, par risques et prestations, afin de souligner les ordres de grandeur des différents mécanismes et couvertures de protection sociale.

I. – Une mosaïque de risques, de régimes et de branches

La protection sociale forme un édifice à trois étages, la sécurité sociale occupant l'étage le plus important et étant appelée, dans l'épure du plan de 1945, à absorber en grande partie l'assistance (rebaptisée aide sociale) et les mécanismes de prévoyance (organisés autour de couvertures complémentaires). Ce schéma, pratique pour saisir les grandes lignes, est devenu toujours plus théorique.

Des complémentaires sont obligatoires en matière de retraite et, depuis peu, pour les salariés en matière d'assurance maladie. Des caisses de sécurité sociale gèrent pour le compte de l'État ou des collectivités territoriales des prestations d'aide sociale. Certaines prestations sont déconnectées du fait de cotiser. De surcroît, la fiscalité joue un rôle de plus en plus important, finançant directement des prestations ou incitant à l'épargne pour la prévoyance.

Complémentaires **PRÉVOYANCE** Principes : protections facultatives ou obligatoires Opérateurs : compagnies d'assurance, institutions de prévoyance, mutuelles
Sécurité sociale **ASSURANCE** Principe : gérer des droits pour des assurés sociaux Financement : principalement les cotisations Redistribution : surtout horizontale Opérateurs : des caisses et différents régimes distincts
Aide sociale **ASSISTANCE** Principe : couvrir des risques sur le fondement de besoins Financement : l'impôt Redistribution : verticale Opérateurs : collectivités territoriales, associations, caisses

1. Approche juridique. – L'approche par le droit et la gouvernance est structurante. Les régimes et organisations de sécurité sociale, au sens strict, ont été créés par la loi. L'article 34 de la Constitution de la Ve République en pose le principe : « la loi […] détermine les principes fondamentaux du droit de la sécurité sociale ».

Si l'administration des organismes de sécurité sociale a été confiée aux représentants des assurés sociaux et des employeurs, les règles applicables en matière de sécurité sociale sont fixées par le Parlement et – surtout – le gouvernement. Les prestations de solidarité financées par l'État ou les collectivités territoriales (RSA et CMU par exemple) sont également régies essentiellement par les lois et règlements.

En revanche, les régimes de retraite complémentaire obligatoire et l'assurance chômage ont été créés par des accords collectifs interprofessionnels. Les règles applicables sont déterminées par les partenaires sociaux, ceux-ci gérant également les organismes. La loi n'intervient qu'*a minima*, notamment en déterminant leur champ et en rendant obligatoire le paiement des cotisations.

Les dispositifs de protection sociale complémentaire facultatifs (retraite supplémentaire, prévoyance complémentaire) sont déterminés par les partenaires sociaux mais le plus souvent au niveau de la branche professionnelle ou de l'entreprise. La loi peut inciter à leur développement, en allégeant leurs conséquences sociales et fiscales pour les employeurs ou les particuliers.

Les institutions de protection sociale, et singulièrement les institutions de sécurité sociale, constituent des entités autonomes de l'État. Elles sont régies par le droit privé. Pour autant, le droit de la protection sociale contribue à la réalisation d'objectifs de service public. Les accords des partenaires sociaux sont soumis à l'agrément de l'État. Toute limitation aux libertés publiques (obligation de cotiser, obligation de s'assurer) ne peut être imposée que par la loi. Le Conseil d'État a reconnu, et ce quelques années avant la création de la sécurité sociale en 1945, la possibilité pour une personne morale de droit privé (une « caisse » ou un « organisme ») d'assurer une mission de service public.

Les sources juridiques de chaque organisation reflètent la catégorie à laquelle ses interventions se rattachent (sécurité sociale, aide sociale, protection sociale obligatoire ou facultative) et déterminent également son type de gouvernance. Ces spécificités juridiques se concrétisent également dans l'organisation du contentieux. Les contestations en matière de sécurité sociale (cotisations, prestations, affiliation) font, en premier lieu, l'objet d'un recours amiable préalable auprès de l'organisme. Un tribunal des affaires de sécurité sociale (TASS), composé de représentants des salariés et des employeurs et travailleurs indépendants, se prononce le cas échéant ensuite. Appel et cassation se font devant les cours d'appel et de cassation. Toutefois, les contentieux en matière d'appréciation de l'incapacité de travail relèvent de formations spécifiques. Les litiges concernant les régimes propres à la fonction publique d'État se traitent devant des juridictions administratives et les contentieux relatifs aux autres secteurs de la protection sociale obligatoire (chômage, complémentaire retraite ou santé) relèvent des juridictions judiciaires de droit commun (tribunaux d'instance ou de grande instance, cours d'appel et de cassation).

2. Régimes et branches. – Les notions de régimes et de branches, dépourvues de définition juridique précise, sont des références courantes en matière de protection sociale. Elles combinent des approches organisationnelles, comptables et techniques.

Les branches correspondent à des regroupements comptables qui cernent les recettes et les dépenses allouées aux différents risques couverts par la sécurité sociale. On distingue la branche maladie, la branche accidents du travail, la branche famille, la branche vieillesse. Chacune correspond à un regroupement comptable des recettes et dépenses allouées aux différents risques.

Un régime correspond au regroupement d'une partie de la population, sur une base socioprofessionnelle, afin de prendre en charge un ou plusieurs risques. Le fait de relever d'un régime conduit un travailleur à acquitter des cotisations prélevées sur ses revenus d'activité et à pouvoir bénéficier de prestations en cas de réalisation du risque social. Le rattachement à un régime est assuré dans le cadre d'une procédure spécifique de rattachement (l'affiliation) qui contraint au paiement de cotisations (l'assujettissement).

Les régimes « de base » procurent aux assurés un socle de protection contre les différents risques. Les régimes « complémentaires » ou « supplémentaires » complètent les prestations de base. Pour la santé, des complémentaires interviennent pour prendre en charge les prestations non ou faiblement remboursées par les régimes de base (par exemple, les frais d'optique ou dentaires). Souscrites à titre individuel ou *via* l'entreprise ou le secteur d'activité, elles deviennent obligatoires, pour les salariés, à compter de 2016.

La sécurité sociale au sens strict correspond aux régimes obligatoires, à base socioprofessionnelle, créés par la loi et prenant en charge certains risques organisés dans des branches. La branche maladie couvre les risques liés à la maladie, la maternité, l'invalidité et le décès. La branche vieillesse prend en charge les revenus de remplacement des retraités et leurs survivants. La branche accidents du travail et maladies professionnelles garantit les assurés au titre des pathologies occasionnées par l'activité professionnelle et répare le préjudice qu'ils ont ainsi subi. Enfin, la branche famille traite des charges de famille et de logement.

3. Recenser risques, régimes et branches : un exercice délicat. – L'analyse du système nécessite des conventions pour l'apprécier et le comparer avec ceux d'autres pays. Une nomenclature appliquée au sein de l'Union européenne et dans les approches internationales segmente la protection sociale en six grandes catégories correspondant à onze risques : vieillesse – survie (deux risques distincts), santé (risques maladie, invalidité et accidents du travail), maternité – famille (deux risques), emploi (comprenant, d'une part, le risque insertion et réinsertion professionnelle et, d'autre part, le risque chômage), logement, et, enfin, pauvreté – exclusion sociale (un risque unique). L'exercice de rattachement de dépenses à cette classification et de comparaison des interventions nationales est délicat. Il conduit fréquemment à apporter des précisions sur ce qui entre ou non dans le champ ainsi qu'à rappeler la spécificité des modes nationaux d'intervention.

Analyser la protection sociale et la sécurité sociale passe par la nécessaire mobilisation de ces données comptables et financières en ayant à l'esprit qu'elles ont un caractère conventionnel. Et qu'elles doivent toujours donner lieu à débats, voire à étonnements. Par exemple, l'évocation d'un « cinquième risque ou branche de protection sociale », institution destinée à assurer la prise en charge de la dépendance, laisse perplexe. La terminologie de « cinquième risque » n'a pas grand fondement, les risques couverts par la protection sociale étant bien supérieurs à quatre.

II. – Types de prestations et couvertures sociales

Les prestations « en nature » permettent de prendre en charge un service rendu, des frais de santé par exemple ou une partie du coût de la garde d'un enfant en crèche. Les prestations « en espèces » correspondent à des versements monétaires directs aux bénéficiaires : pensions de retraite, prestations familiales, revenus de remplacement en cas d'accident ou de maladie. Plus de 70 % des prestations de sécurité sociale, au sens strict, sont des prestations en espèces. Sur le champ de la protection sociale, ces versements monétaires correspondent environ aux deux tiers des prestations.

Les prestations sont distinguées selon leur caractère contributif ou non contributif. Les prestations de retraite ou les revenus de remplacement en cas de maladie ou d'accident ont une dimension très fortement contributive : le montant de la prestation varie selon le niveau de cotisations acquitté par l'assuré social. Des prestations ont une dimension contributive moins affirmée. Ainsi, le remboursement de soins de santé à un assuré est conditionné au versement de cotisations mais l'ampleur de ce remboursement ne varie pas selon le montant de cotisations versées. Ici joue pleinement le principe de solidarité nationale, au cœur de la sécurité sociale : chacun cotise selon ses moyens et reçoit selon ses besoins. Il existe aussi des prestations non contributives. Elles sont versées sans condition de cotisation préalable ou garantissent un minimum de prestations quels que soient les montants cotisés. Si elles découlent bien, elles aussi, du principe de solidarité nationale elles ne procèdent pas pleinement de la logique assurantielle.

1. Couverture sociale et statut socioprofessionnel ou familial. – Un individu dispose d'une couverture sociale avant tout parce qu'il travaille et qu'à ce titre il paye des cotisations sur ses revenus d'activité. Pour la couverture maladie de base, dans le cas où la personne ne travaille pas, trois possibilités sont ouvertes. La première consiste à avoir le statut d'ayant droit : le conjoint et les enfants rattachés à un assuré social qui cotise bénéficient d'une couverture. La deuxième est liée à une activité précédente : un retraité ou un demandeur d'emploi bénéficient d'un maintien de leurs droits antérieurs. Enfin, la troisième consiste à bénéficier d'une couverture minimale, dans le cadre de dispositifs de solidarité. Tel est le cas de la CMU qui est accordée aux personnes ne pouvant bénéficier d'une couverture sociale par leur activité professionnelle actuelle ou passée ou par le rattachement à un conjoint ou un proche.

Cotiser permet de bénéficier de prestations contributives. Ces prestations visent, suite à la réalisation d'un risque (maladie, vieillesse, accident), à garantir à l'assuré un revenu de remplacement. L'assuré ne peut plus travailler : la sécurité sociale lui verse une partie du salaire qu'il toucherait s'il pouvait travailler (une pension ou des indemnités). Ne pas cotiser conduit à ne bénéficier à titre individuel que de prestations en nature (remboursement des soins de santé par exemple) ou de prestations en espèces à caractère non contributif (RSA, prestations familiales). Le système n'est pas réservé aux seuls nationaux. Il est globalement ouvert à toute personne résidant régulièrement sur le territoire national. En Europe, des dispositions de coordination veillent à permettre aux ressortissants des États membres de circuler librement tout en ayant des droits à sécurité sociale.

2. À côté des prestations, l'action sociale. – Aux prestations légales, dont le versement est prévu par la législation à tous les bénéficiaires remplissant les critères définis par les textes, s'ajoute une action sanitaire et sociale. Celle-ci, destinée originellement à parfaire le mécanisme des prestations a un rôle capital à jouer, en théorie sous la responsabilité entière des administrateurs des caisses, pour adapter la sécurité sociale à la variété des situations. L'action sociale est dite facultative au sens où les organismes ont une certaine marge de définition et de manœuvre, l'ensemble étant néanmoins de plus en plus strictement encadré.

L'action sociale vise à répondre à des besoins ciblés : soutien territorial à la petite enfance, prise en charge de dépenses médicales spécifiques, réponse à des besoins particuliers de personnes âgées ou nécessiteuses. L'action sociale des caisses de retraite aide les retraités à préserver leur autonomie. Ces dépenses peuvent consister en des prestations directes aux ménages. On dit alors qu'il s'agit de prestations extra-légales (au sens où elles s'ajoutent aux prestations légales nationales). Elles consistent aussi en soutiens à d'autres opérateurs, associations, collectivités territoriales, entreprises.

En 2013, l'action sociale de la sécurité sociale s'élève à plus de 5,5 milliards d'euros. Elle est de faible ampleur pour les branches maladie ou retraite. Elle est substantielle pour la branche famille (5 milliards à elle seule), plus de la moitié de ces interventions étant consacrées au financement des établissements d'accueil des jeunes enfants. Globalement, pour l'ensemble de la protection sociale, la dépense d'action sociale comprend les dépenses sociales non obligatoires des collectivités territoriales dans le domaine social (les crèches par exemple) et celles des organismes complémentaires. L'ensemble ne correspond cependant qu'à une fraction très réduite des dépenses de protection sociale et, parmi elles, de sécurité sociale.

III. – Les dépenses de protection et de sécurité sociales

Les dépenses de protection sociale s'élevaient à 15 % du PIB à la fin des années 1950. Elles en représentent environ 34 % en 2013. En 1960, leur financement se décomposait en deux grandes masses principales : 11 % de PIB pour les cotisations sociales, 4 % de PIB en contributions publiques. En 2013, le niveau relatif des contributions publiques est stable, mais les cotisations sociales représentent 21 % du PIB et les impôts et taxes participant au financement de la protection sociale se montent à 8 % du PIB.

En un demi-siècle, avec la montée en puissance de la sécurité sociale, complétée par d'autres mécanismes assurantiels et assistanciels, la protection sociale a considérablement progressé. Son poids dans la richesse nationale a doublé. Les comparaisons internationales sont ardues et contingentes aux choix nationaux. Pour autant, la France est, notamment depuis le début des années 2010, sinon toujours le premier, du moins toujours parmi les premiers pays dans le monde en termes d'effort social.

Dans une approche combinant les entités versant les prestations, les régimes et les risques couverts, on distingue la sécurité sociale (qui comprend les dépenses des hôpitaux), l'aide sociale (prise en charge de la pauvreté, de la précarité et du handicap), les régimes complémentaires vieillesse, les prestations d'assurance chômage, les couvertures complémentaires au titre de la santé et de la prévoyance, les couvertures extralégales mises en œuvre par certains employeurs au bénéfice de leurs salariés (suppléments familiaux, compléments de revenus de remplacement).

Prestations de protection sociale – année 2013

	En milliards d'euros	**En %**
Sécurité sociale	430,9	64 %
Aide sociale (pauvreté, précarité, handicap)	85,5	13 %
Régimes complémentaires vieillesse	82,6	12 %
Assurance chômage	32,5	5 %
Complémentaire santé et prévoyance	27,4	4 %
Protection complémentaire par les employeurs	13,8	2 %
Total Protection sociale	672,0	100 %

Source : comptes de la protection sociale.

La sécurité sociale compte pour les deux tiers des dépenses de protection sociale. Les prestations complémentaires vieillesse et celles d'aide sociale représentent respectivement 12 et 13 % du total. Les autres interventions occupent une place plus limitée. Si, aux seules dépenses de prestations (672 milliards d'euros), on ajoute les dépenses assurant le fonctionnement du système (masse salariale, frais financiers, etc.), alors les dépenses totales de protection sociale représentent plus de 715 milliards d'euros en 2013, soit près de 34 % du PIB.

1. Les risques de protection sociale

Prestations de protection sociale par type de risques, en 2013

	Milliards €	Part
Vieillesse – survie	**307,5**	**46 %**
Vieillesse	270,0	40 %
Survie	37,6	6 %
Santé	**232,8**	**35 %**
Maladie	183,6	27 %
Invalidité	37,0	5 %
Accidents du travail	12,2	2 %
Maternité – famille	**56,3**	**8 %**
Maternité	7,9	1 %
Famille	48,4	7 %
Emploi	**40,9**	**6 %**
Insertion et réinsertion professionnelle	3,4	0 %
Chômage	37,6	6 %
Logement	**17,7**	**3 %**
Pauvreté – exclusion sociale	**16,8**	**3 %**
Total des prestations	**672,0**	**100 %**

Source : comptes de la protection sociale.

Le risque vieillesse – survie constitue le premier poste de dépenses, avec près de 310 milliards d'euros en 2013, soit presque la moitié de la dépense totale de protection sociale. Il est composé de prestations en espèces : les pensions versées aux retraités ou à leur conjoint. Ces prestations sont servies par la sécurité sociale, par les régimes complémentaires de retraite. Plus précisément, le risque vieillesse – survie rassemble d'abord les pensions directes de retraite (pour 255 milliards d'euros) et les pensions de réversion (35 milliards). S'y ajoutent, entre autres, les dépenses pour le minimum vieillesse (3 milliards). Les dépenses vieillesse – survie intègrent aussi les prestations liées à la dépendance, pour un total de 8 milliards, comprenant notamment l'allocation personnalisée d'autonomie (APA).

La couverture du risque santé représente plus du tiers des dépenses soit près de 233 milliards. Elle correspond à des prestations en espèces (indemnités en cas de maladie ou d'accident, 17 % des dépenses) et – très majoritairement – en nature (prise en charge des soins et des séjours en établissements de santé, 83 %). Le risque santé regroupe les prestations liées à la maladie, à l'invalidité et aux accidents du travail et maladies professionnelles. Le poste le plus important de ces dépenses correspond au remboursement partiel ou intégral des soins, qu'ils soient effectués en médecine de ville ou en établissement de santé. Soins de villes et soins hospitaliers représentent 160 milliards d'euros, quand les indemnités journalières s'élèvent à 9 milliards. En matière d'invalidité sont réunies des dépenses pour un minimum social, l'allocation aux adultes handicapés (9 milliards), des pensions d'invalidité (9 milliards), des dépenses pour l'accueil et l'hébergement des personnes handicapées (plus de 13 milliards).

Les frais de maternité et les charges de famille correspondent à plus de 56 milliards d'euros. Sont prises en charge les dépenses liées à la maternité (compensation de la perte de revenu suite à l'interruption d'activité, prise en charge des soins pour la mère et l'enfant) et les dépenses liées à l'entretien de la famille (garde d'enfant, allocations familiales). Les indemnités journalières maternité (3 milliards) relèvent aussi du risque maternité – famille. Les prestations en faveur des familles comprennent les principales prestations de la branche famille. L'aide sociale à l'enfance (7 milliards) est intégrée à cette rubrique.

Trois autres risques, non envisagés au moment de la création de la sécurité sociale en 1945, sont aujourd'hui distingués dans les comptes.

Le risque emploi pèse près de 41 milliards d'euros. Il correspond à 90 % au versement de revenus de remplacement aux demandeurs d'emploi par Pôle Emploi. Les autres interventions sont des dépenses de formation et de réinsertion supportées par le régime d'assurance chômage. *Les dépenses de logement* sont prises en charge à hauteur de plus de 17 milliards d'euros. Elles correspondent à des prestations en espèces versées par la branche famille de la sécurité sociale. *Le risque pauvreté – exclusion sociale* représente près de 16 milliards d'euros. Plus de 11 milliards sont consacrés aux dépenses de RSA, le solde correspondant à d'autres prises en charge (hébergements d'urgence par exemple).

2. Les risques et branches de sécurité sociale *stricto sensu*. – Le poids de chaque branche ou ensemble de risques couverts par la sécurité sociale, au sens strict, est comparable aux ordres de grandeur constatés sur le champ plus large de la protection sociale.

La branche vieillesse est le premier secteur de dépenses de sécurité sociale (47 % du total). Elle correspond au versement des pensions « de base » à toute personne ayant achevé sa carrière professionnelle ou à ses survivants. Cette branche se caractérise par un très fort éclatement institutionnel : 27 régimes principaux d'assurance vieillesse de base en 2012. La spécificité des régimes renvoie aux particularités sectorielles du mode de calcul de la pension et du niveau des cotisations. La pension des salariés du secteur privé est calculée sur la base du salaire moyen de 25 années d'activité alors que celle des fonctionnaires de l'État est calculée sur la rémunération perçue (hors primes) au cours des 6 derniers mois d'activité. Le secteur de la retraite est celui où les différences socioprofessionnelles sont les plus marquées (niveau de pension, âge de départ au « taux plein » soit les conditions optimales pour bénéficier d'une pension).

La branche maladie – maternité – invalidité – décès représente 41 % des dépenses de sécurité sociale. Elle prend en charge, à titre principal, les dépenses de soins auprès des médecins de ville ou des établissements de santé, ainsi que les indemnités journalières compensant l'absence d'activité professionnelle en cas de maladie. Elle compense également les pertes de revenus des périodes de maternité. Enfin, elle finance les soins et les pertes de revenus des victimes d'un accident de la vie (c'est-à-dire un accident sans aucun lien avec l'activité professionnelle) ou apporte un revenu à leurs proches en cas de décès.

La branche famille correspond à 13 % des dépenses de sécurité sociale. Elle assure le versement des différentes prestations familiales, avec des sommes aujourd'hui moins importantes pour les allocations familiales au sens strict (12 milliards) que pour les prestations liées à la garde d'enfants (plus de 13 milliards d'euros de prestations d'accueil du jeune enfant mais aussi de financement des crèches). Elle verse également les différentes aides au logement et certains minima sociaux (RSA et AAH).

Enfin, *la branche « accidents du travail »* (3 % des dépenses) couvre les seuls salariés du secteur privé contre les risques et pathologies intervenus dans le cadre de leur activité professionnelle soit les dépenses de soins et les prestations en espèce liées aux interruptions temporaires ou définitives d'activité (incapacité temporaire ou permanente) ainsi que la réparation du préjudice subi.

IV. – Les recettes de protection et de sécurité sociales

En 2013, les masses financières affectées à la protection sociale représentent plus de 707 milliards d'euros issus de sources de financement diversifiées soit 33,5 % de la richesse nationale. Ces volumes conséquents ne permettent néanmoins pas de financer, la même année, les 715 milliards de dépenses. Il en résulte un déficit à hauteur de près de 8 milliards d'euros soit 0,5 % du produit intérieur brut. Au sein de la protection sociale, la sécurité sociale pèse fortement sur les comptes. En 2013, le régime général présentait ainsi un déficit supérieur à 11 milliards d'euros.

Prélèvements obligatoires et financement de la protection sociale en 2013

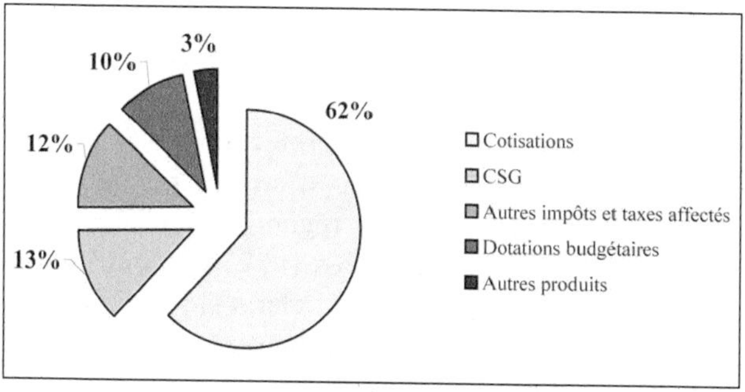

Source : Comptes de la protection sociale.

Les recettes sont principalement assises sur les revenus d'activité. Les cotisations, dont la charge est partagée entre l'employeur et le salarié, représentent près de 62 % des recettes. Ce poids prépondérant des cotisations entretient la dépendance forte du financement de la protection sociale aux évolutions de l'emploi et des salaires. Si le chômage augmente, les recettes stagnent alors que, de leur côté, les dépenses continuent leur progression.

La CSG, dont la création en 1991 a constitué une transformation majeure de l'architecture des prélèvements obligatoires, est affectée aux régimes de sécurité sociale. Elle repose non seulement sur les revenus d'activité mais aussi sur les revenus de remplacement (notamment la plupart des prestations sociales), des jeux, du patrimoine et des placements. La CSG est individualisée. Contrairement à l'impôt sur le revenu, elle ne prend pas en compte les charges de famille. Toutefois les personnes à faibles ressources (personnes sans emploi et retraités aux faibles pensions) peuvent être exemptées ou acquittent une CSG à taux réduit. Cette source de financement est devenue incontournable : elle apporte près de 13 % des ressources en 2013.

Au-delà de la CSG, la protection sociale s'est vue affecter des impôts et taxes afin de répondre aux besoins de financement des régimes. Cette démarche n'est pas nouvelle puisque, dès 1967, une contribution sur les véhicules terrestres à moteur a été instituée afin de compenser les dépenses supportées par la sécurité sociale du fait des accidents de la route. Cette démarche de fiscalisation des recettes et de création de divers impôts (taxe sur les boissons sucrées, sur le tabac, sur l'alcool par exemple, du fait de leur impact sur la santé) s'est poursuivie au cours des dernières décennies. La fiscalité affectée représente environ 12 % des recettes de la protection sociale.

Des dotations budgétaires sont également apportées par l'État et représentent moins de 10 % des ressources. Elles correspondent à la prise en charge de prestations ou de cotisations par l'État ou à des dotations à certains régimes afin de leur permettre de préserver un équilibre financier (cas du régime des exploitants agricoles, largement déficitaire, notamment).

Enfin, la protection sociale dispose de recettes diverses (un peu plus de 3 %) fruit des produits de placement et des contentieux gagnés.

1. Financement de la sécurité sociale *stricto sensu*. La structure du financement de la sécurité sociale est très similaire à celle de la protection sociale.

Ressources de la sécurité sociale en 2013

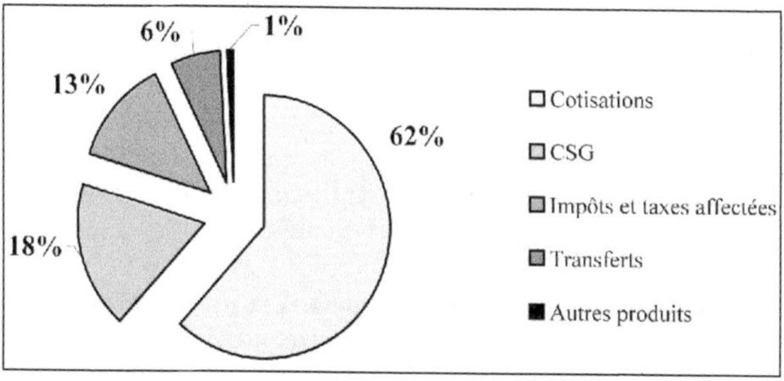

Source : loi de financement de la sécurité sociale pour 2013.

Typique de ses racines bismarckiennes, le financement de la sécurité sociale est assuré majoritairement par les cotisations (62 %). Elles peuvent être partagées par le salarié et par l'employeur ou, dans certains cas, prises en charge par l'État. De plus, dans le cas où l'employeur assure directement le versement de prestations de sécurité sociale (cas des régimes spéciaux en particulier), on calcule *a posteriori* une cotisation « fictive » qui correspond aux montants ainsi versés.

La seconde ressource est constituée par la CSG dont le produit est réparti entre les institutions de sécurité sociale. Les produits de CSG sont à plus de 70 % issus de la contribution frappant les revenus d'activité.

La sécurité sociale à partir d'une feuille de paie

L'étendue et le mode de financement de la sécurité sociale apparaissent sur la fiche de paie des salariés. Ce bulletin, peu lisible et peu lu, est un concentré de droit social. Il présente distinctement les cotisations relevant de la sécurité sociale, mais aussi celles finançant d'autres dimensions de la protection sociale (logement, chômage, retraites complémentaires, formation professionnelle). Ces cotisations sont partagées entre l'employeur et l'employé. Cette distinction, discutable sur le plan économique, a des répercussions très concrètes. La hausse ou la baisse des cotisations salariales a un effet immédiat sur les montants versés au salarié. Les modifications des cotisations patronales influent directement sur le coût du travail. Les assiettes considérées ne sont pas les mêmes selon les risques, des mécanismes de plafonnement modulant les niveaux de prélèvement selon les niveaux de salaire. Enfin, la CSG et la CRDS figurent sur le bulletin de salaire.

Principaux prélèvements sociaux sur les salaires (exemples, pour un non-cadre, année 2015)

	TAUX DE COTISATIONS (en %)			ASSIETTE
	Employeurs	Salarié	Total	
	Sécurité sociale			
- Maladie	12,80	0,75	13,55	Salaire total
- Vieillesse déplafonnée	1,80	0,30	2,10	Salaire total
- Vieillesse plafonnée	8,50	6,85	15,35	De 0 à 3 170 €
- Allocations familiales (salaire < 1,6 Smic)	3,25	-	3,25	Salaire total
- Allocations familiales (salaire > 1,6 Smic)	5,25	-	5,25	Salaire total
- Accidents du travail – maladies professionnelles	Variable	-		Salaire total

	TAUX DE COTISATIONS (en %)			ASSIETTE
	Employeurs	Salarié	Total	
Autres domaines de protection sociale (exemples)				
- Assurance chômage (CDI)	4,00	2,40	6,40	De 0 à 12 680 €
- Retraite complémentaire non-cadres	4,65	3,10	7,75	De 0 à 3 170 €
	12,15	8,10	20,15	De 3 170 à 9 510 €
- Solidarité autonomie	0,30	-	0,30	Salaire total
Autres modalités de financement de la protection sociale				
- CSG, CRDS	-	8,00	8,00	Salaire total – 1,75 %

Outre ces financements par les revenus d'activité, la sécurité sociale est financée par des impôts et taxes affectés directement aux régimes et branches (13 % des recettes en 2013). La fiscalisation des ressources sociales correspond presque exclusivement au développement de ces impôts affectés à la sécurité sociale. Cette fiscalisation résulte non seulement des besoins de financement mais aussi de la compensation des exonérations de cotisations sociales. En effet, à compter des années 1990, face à l'importance du chômage et au coût élevé du travail, l'État a mis en œuvre une politique de réduction des cotisations sociales. Centrées sur les bas et moyens salaires, ces réductions s'élèvent à plus de 26 milliards en 2013. Les exonérations sont soit générales (tous les salariés dont la rémunération est comprise entre 1 et 1,6 Smic ouvrent droit à un avantage) soit ciblées sur des publics particuliers (jeunes, chômeurs de longue durée) ou encore des zones géographiques (DOM, zones franches urbaines). Les pertes de recettes liées à cette politique de l'emploi sont quasi intégralement compensées par l'État à la sécurité sociale principalement par des transferts de recettes fiscales du budget de l'État au financement des régimes et des branches.

Enfin, le financement de la sécurité sociale est également assuré par des transferts soit des versements entre régimes et organisations au titre de la prise en charge de dépenses ou de la solidarité entre les différents régimes. Ces opérations de financement représentent 6 % des ressources.

L'approche de la structure du financement de chaque branche reflète les caractéristiques de chacune d'entre elles. Elle illustre également l'hybridation progressive du financement et l'éloignement de l'idéal type bismarckien d'un financement exclusif par les cotisations.

Ressources des branches de sécurité sociale en 2013

	Vieillesse	**Maladie**	**Famille**	**Accidents du travail**	***Toutes branches***
Cotisations	74 %	47 %	66 %	95 %	62 %
CSG	0 %	35 %	18 %	0 %	18 %
Impôts et taxes affectées	9 %	16 %	15 %	1 %	13 %
Transferts	17 %	1 %	1 %	1 %	6 %
Autres produits	0 %	1 %	1 %	4 %	1 %
Total	100 %	100 %	100 %	100 %	100 %

Source : loi de financement de la sécurité sociale pour 2013.

La branche maladie est la plus massivement financée par l'impôt (51 %) : 35 % de CSG et 16 % d'autres impôts et taxes affectés. Les cotisations constituent donc la deuxième catégorie de ressources. Sa structure de financement est à l'image de ses missions. La branche finance avant tout des dépenses de santé qui relèvent pour partie de l'idée d'une solidarité des bien portants au profit des malades.

A contrario, la branche accidents du travail n'intervient qu'au profit des salariés et très majoritairement ceux du secteur privé. Prenant en charge les pertes de revenus et les dépenses de soins liés à des pathologies intervenues à l'occasion du travail, son financement originel par des cotisations demeure.

La branche famille, aux interventions diversifiées, est financée à hauteur de 32 % par des impôts et la CSG. La part des cotisations demeure néanmoins déterminante (66 %), aspect qui est fréquemment discuté. La logique d'allégement du coût du travail conduit à s'interroger sur le financement important de cette branche par des cotisations, en particulier compte tenu de la déconnexion du droit aux prestations familiales de toute activité professionnelle.

La branche vieillesse présente un profil de financement particulier. Demeurant financée largement par les cotisations (74 %) c'est elle qui dispose le plus de financements issus de versements entre régimes et branches. L'importance de cette source de financement découle du très grand émiettement de l'organisation de l'assurance vieillesse de base de la sécurité sociale. Compte tenu de cette fragmentation, le poids des dispositifs de solidarité financière entre régimes (le régime bien portant soutenant le régime présentant une situation plus dégradée) est important.

V. – Le régime général

La dénomination régime général dérive de l'ambition initiale de 1945. Ce nouveau régime avait vocation à se généraliser pour l'ensemble de la population. Si sa place est capitale, l'importance de son intervention varie selon la branche considérée. La branche famille est universelle : tous les Français pouvant prétendre à ses prestations relèvent de son champ. En revanche, la branche vieillesse ne concerne que trois actifs sur cinq. Le régime général est à la fois le régime des salariés du secteur privé de l'industrie, du commerce et des services (approche la plus restrictive), le régime dont chacun relève à un moment de son existence (compte tenu des changements d'activité en cours de carrière et du rôle transversal de la branche famille) ou, enfin, le régime par défaut (les catégories ne relevant pas d'un autre régime et n'étant pas des salariés sont fréquemment rattachés au régime général).

Une caisse nationale est à la tête de chaque branche : ces établissements publics, dont le directeur est nommé en Conseil des ministres, sont chargés de déterminer les politiques au niveau national, d'assurer des fonctions expertes pour l'ensemble des réseaux et de piloter les réseaux des caisses locales.

L'analyse des différentes branches du régime général permet de cerner les spécificités d'organisation de chaque branche. Cette organisation en branches a été mise en œuvre à compter de 1967 (réforme « Jeanneney ») afin de clarifier les responsabilités en distinguant non seulement les comptes (recettes et dépenses) mais aussi les organisations et guichets.

Principales données relatives aux différentes branches du régime général (2013)

	Famille	Retraite	Maladie	Recouvrement	ATMP
Population concernée	12 millions d'allocataires soit 31 millions de personnes bénéficiaires (avec tous les membres de la famille)	17,7 millions d'actifs cotisant (soit plus de 60 % des actifs)	59,2 millions de personnes couvertes	9,5 millions d'employeurs et travailleurs indépendants cotisant	18,3 millions de salariés couverts (soit près de 65 % des actifs)
Masses financières	45,5 milliards de prestations	105,9 milliards de prestations	153,6 milliards de prestations	458,7 milliards de recettes recouvrées	8,7 milliards de prestations
Réseau	CNAF et CAF	CNAVTS et CARSAT	CNAMTS et CPAM	ACOSS et URSSAF	CNAMTS – ATMP avec le concours des CPAM et des CARSAT
Nombre d'agents	32 700	13 200	91 500	13 900	Salariés des branches retraite et maladie

Source : UCANSS et INSEE.

Ces guichets du régime général sont les plus connus et les plus nombreux. Ils constituent une « branche professionnelle » au sens du droit du travail. Un organisme commun intervient en matière de droit du travail et de missions communes (achats et marchés notamment) pour le compte des quatre branches et de l'activité de recouvrement : l'Union des caisses nationales de sécurité sociale (UCANSS). En 2013, le régime général emploie plus de 150 000 salariés en contrat à durée indéterminée. Ces salariés, à 80 % des femmes, ne sont pas des fonctionnaires. Ils sont régis par une convention collective de droit privé.

La branche maladie assure la prise en charge des dépenses de santé des assurés et vise à garantir l'égal accès à des soins de qualité pour tous. Elle mène des programmes de prévention et d'accompagnement des patients, en particulier les personnes souffrant d'une maladie chronique. La gestion du risque est au cœur de son activité : on entend par là la maîtrise de l'évolution des dépenses tout en améliorant l'état de santé de la population. Elle est l'interlocuteur privilégié des pouvoirs publics, des professionnels et acteurs du système de santé en matière de négociations sur les tarifs des soins et prestations. La CNAMTS définit les orientations et gère le réseau des 101 caisses primaires d'assurance maladie (CPAM). Elle détermine la stratégie de la branche en matière de remboursements de soins et de prestations, de contrôle, de relations avec les professionnels de santé. Elle intervient également en matière de risques professionnels. Le réseau des caisses primaires est le plus important et le plus dense. Il est aussi le plus connu. Il incarne la « sécu » au sens restreint. Cette place particulière provient du fait que la maladie est le risque le plus courant : chacun est amené à consommer des soins et à demander leur remboursement.

La branche vieillesse gère la retraite de base des salariés de l'industrie, des services et du commerce. Elle verse les prestations en espèces aux personnes ayant cessé leur activité professionnelle. Ces pensions sont dites de droit direct quand elles sont versées à la personne ayant cotisé ou de droit dérivé quand elles sont versées à ses ayants droit (enfants ou conjoints suite au décès de l'assuré). Le réseau de l'assurance retraite assure une action sociale au bénéfice des personnes âgées (financement d'établissements, aides à domicile). Elle compte près de 18 millions de cotisants et verse une pension à 13,5 millions de retraités. La caisse nationale d'assurance vieillesse des travailleurs salariés (CNAVTS) pilote le réseau des 15 caisses d'assurance retraite et de la santé au travail (CARSAT) organisées sur une base régionale ou interrégionale.

La branche famille gère trois grands types de prestations : les prestations familiales, les aides au logement, des prestations de solidarité. Piloté par la Caisse nationale des allocations familiales (CNAF), le réseau repose sur 102 CAF. Elles ont 12 millions d'allocataires ce qui représente, avec les ayants droit et les conjoints, près de 31 millions de bénéficiaires. Elles versent plus de 80 milliards d'euros de prestations par an pour le compte de la sécurité sociale, de l'État (aides au logement) ou des départements (RSA). Ces prestations sont versées en l'absence de revenu (prestations de solidarité) ou en complément de celui-ci (prestations familiales et de logement). La branche famille compte une importante action sociale qui finance des services et équipements, en particulier pour l'accueil de la petite enfance. Les CAF interviennent auprès de publics très divers (étudiants, familles, personnes précaires). Ainsi, la « CAF » constitue une institution connue de la plupart des Français qui bénéficient ou ont bénéficié, à un moment, de ses services.

La branche accidents du travail et maladies professionnelles (AT-MP) assure des fonctions particulières. Les employeurs acquittent un niveau de cotisation variable selon la taille de l'entreprise, le secteur d'activité, les accidents intervenus précédemment (« sinistralité »). La branche contribue à la prévention des risques professionnels en accompagnant les employeurs. Elle est gérée par des services spécifiques de la CNAMTS (qui comprend une direction des risques professionnels), des CPAM (qui remboursent les soins) et des CARSAT (qui assurent la prévention et versent les indemnités).

Enfin, *le réseau du recouvrement* assure le financement du régime général et joue le rôle d'intermédiaire financier vis-à-vis de nombreux autres acteurs (autres régimes, État, collectivités territoriales). L'Agence centrale des organismes de sécurité sociale (ACOSS) assure trois missions : piloter le réseau des unions de recouvrement des cotisations de sécurité sociale et d'allocations familiales (URSSAF), assurer le financement du régime général en recevant les versements des tiers (recettes des impôts et taxes affectés) et en cherchant des liquidités sur les marchés (emprunts pour couvrir les besoins de trésorerie) et enfin analyser les évolutions de l'emploi et de la masse salariale (travaux statistiques destinés à évaluer les ressources et leurs évolutions). 22 URSSAF régionales en France métropolitaine encaissent les cotisations, contributions et autres prélèvements sur salaires. Les URSSAF assurent des opérations de contrôle des employeurs et travailleurs indépendants. Spécialistes du prélèvement à la source, elles recouvrent des ressources autres que celles du régime général : cotisations d'assurance chômage, cotisations et contributions sociales des indépendants, versements au titre du logement ou des transports collectifs. Les montants encaissés par la branche recouvrement s'élèvent à près de 460 milliards d'euros en 2013 (environ 23 % de la richesse nationale). Le réseau propose aux employeurs des services particuliers afin de faciliter la déclaration des salariés, ces services permettant éventuellement de bénéficier d'avantages sociaux ou fiscaux : pour les salariés des particuliers, le chèque emploi service universel (CESU) ou, pour la garde d'enfants à domicile, le service Pajemploi.

Le régime général repose sur des organisations spécifiques dans certaines zones géographiques. En Lozère, la caisse centrale de sécurité sociale (CCSS) joue le rôle de CPAM et de CAF. Dans les départements d'outre mer, les caisses générales de sécurité sociale (CGSS) assurent les fonctions des URSSAF, des CARSAT et des CPAM.

VI. – Les régimes particuliers

Outre le régime général, différents régimes particuliers composent la sécurité sociale. Ils couvrent tout ou partie des risques pour une population plus ou moins importante.

Organisation institutionnelle des différents régimes de sécurité sociale

	Régime général				Régime des indépendants	Régime agricole	Régimes spéciaux
Population couverte	Salariés du secteur privé				Non salariés Non agricoles	Salariés et exploitants agricoles	Salariés des régimes spéciaux
Activité	Recouvrement	Maladie	Famille	Retraite	Tous risques	Tous risques	Variable
Caisse nationale	ACOSS	CNAMTS	CNAF	CNAVTS	RSI	MSA	Organisations spécifiques variant selon le régime
Caisses locales	URSSAF	CARSAT	CAF	CARSAT	Caisses régionales et organismes conventionnés	Caisses régionales et locales	
Gouvernance	Paritarisme	Paritarisme	Paritarisme	Paritarisme	Représentants des assurés	Représentants des assurés	Paritarisme le plus souvent
Administrateurs	Désignation	Désignation	Désignation	Désignation	Élection	Élection	Élection le plus souvent

Le régime agricole est géré par la Mutualité sociale agricole (MSA). Dans les années 1960, les anciennes mutuelles implantées dans le monde agricole fusionnent dans de nouveaux organismes, les caisses de MSA. Le réseau est constitué d'une caisse centrale de la MSA (CCMSA) et de 35 caisses locales intervenant sur une base régionale ou pluridépartementale. La MSA constitue le guichet unique des personnes relevant du secteur agricole sur l'ensemble du territoire. Cette fonction la conduit à assurer au bénéfice de ses ressortissants l'ensemble des fonctions assurées par les caisses du régime général : versement des prestations, encaissement des cotisations, gestion des risques, action sociale, contrôle, conseil des usagers. Dans ce cadre, les caisses de MSA interviennent, d'une part, pour offrir une couverture spécifique au titre des différents risques (maladie, vieillesse, invalidité, décès, maternité) aux exploitants agricoles et à leurs conjoints et, d'autre part, pour le compte du régime général. C'est le cas non seulement pour les salariés agricoles qui sont pris en charge comme les autres salariés du secteur privé mais aussi pour l'ensemble du risque famille (les caisses de MSA interviennent ainsi pour le compte et comme des CAF). Les 18 000 agents des caisses ont, en 2013, été en relation avec 1,2 million d'actifs cotisants et ont versé plus de 27 milliards d'euros de prestations. La dimension mutualiste de la MSA demeure, notamment par l'élection directe, tous les 5 ans, par les adhérents, de plus de 24 000 délégués parmi lesquels plus de 1 000 siègent au sein des conseils d'administration des caisses de MSA.

Le régime des indépendants, plus exactement, les régimes des travailleurs indépendants, regroupent l'ensemble des travailleurs non salariés non agricoles (on les dit parfois « non non ») qu'ils soient professionnels libéraux (médecins, avocats, etc.) ou qu'ils relèvent des secteurs de l'industrie, du commerce et de l'artisanat. La principale institution est le régime social des indépendants (RSI) qui, depuis 2005, regroupe les principales structures gérant la couverture sociale de 6 millions de chefs d'entreprise. Le réseau repose sur 29 caisses locales régionales ou interrégionales, dont les conseils d'administration sont composés d'un millier d'administrateurs élus directement par les assurés. Les non-salariés non-agricoles et leurs conjoints collaborateurs relèvent du RSI. Les risques pris en charge par ce régime sont la maladie, la maternité, l'invalidité et le décès. S'agissant de la retraite, le RSI n'intervient que pour le compte des différents régimes des artisans, des industriels et commerçants : les professionnels libéraux relèvent d'organisations spécifiques. Le recouvrement des cotisations est assuré par le RSI en lien avec les URSSAF. De multiples dysfonctionnements informatiques liés notamment à ce rapprochement sont à la source de conflits entre les caisses et leurs ressortissants.

Les régimes spéciaux recouvrent des réalités extrêmement diverses. Ils émanent de choix historiques, aux racines parfois très anciennes, de couvertures spécifiques de certains secteurs et professions relevant ou ayant relevé de la sphère publique. On y dénombre près de 4,5 millions de cotisants. Les fonctionnaires titulaires des collectivités territoriales et des hôpitaux relèvent d'un régime spécial de retraite, géré par la caisse nationale de retraite des agents des collectivités locales (CNRACL). Les 2,1 millions de fonctionnaires civils de l'État ont un régime de retraite géré directement par un service de retraite de l'État. Ces organisations spécifiques peuvent entraîner l'intervention du régime général : les fonctionnaires relèvent des CAF, le remboursement de leurs dépenses de santé s'effectue par l'entremise des mutuelles qui agissent pour le compte du régime général. L'existence d'un régime spécial est souvent le reflet d'une prise en charge directe par l'employeur de prestations spécifiques. Un fonctionnaire d'État qui ne peut assurer ses fonctions du fait de la maladie ou de l'incapacité bénéficie d'un maintien de sa rémunération. D'autres secteurs et salariés bénéficient de dispositions spécifiques pour tout ou partie des risques. Les agents de la RATP, de la SNCF ou de l'ancienne EDF-GDF relèvent de régimes couvrant tous les risques hormis la famille. Les salariés de l'Opéra de Paris ou de la Comédie-Française bénéficient également de protections particulières. La pérennité de ces régimes est directement fonction de leur capacité à équilibrer, par les cotisations et contributions prélevées, les dépenses auxquelles ils sont confrontés. Au regard, notamment, de leur déclin démographique, leur maintien est souvent remis en question. Certains régimes spéciaux sont en voie d'extinction : ils ne comptent plus de cotisants et ont vocation à être fermés au décès du dernier bénéficiaire (cas du régime des mines). D'autres demeurent importants, en particulier en nombre de cotisants.

VII. – Instances et instruments de gouvernance

S'agissant des régimes de sécurité sociale *stricto sensu*, les pouvoirs des conseils d'administration ont, depuis 1945, largement été amoindris au profit des responsabilités des directeurs d'organismes recrutés sur concours (rôle dévolu principalement à l'École nationale supérieure de sécurité sociale – En3s). Au paritarisme des conseils d'administration a succédé un tripartisme puisque, au-delà des représentants désignés par les organisations syndicales et patronales, ces instances comptent des personnalités qualifiées désignées par l'État ou des représentants de certains acteurs du secteur. Au sein des organismes du régime général, ces représentants sont désignés par les autorités compétentes de l'État. Les régimes agricoles, de travailleurs indépendants et les régimes spéciaux se caractérisent, de leur côté, par des pouvoirs plus importants confiés aux conseils d'administration, une représentation assurée dans le respect des principes du paritarisme (régimes spéciaux) ou de la représentation de chaque catégorie (exploitants, industriels, commerçants, artisans et libéraux) ainsi que l'élection des administrateurs des caisses – aspect qui leur confère une plus forte légitimité.

Les évolutions depuis 1945 dénotent une attention et une intervention croissantes de l'État dans la gestion. L'intérêt de l'État pour ces organisations initialement autonomes a augmenté à mesure de l'extension de la socialisation des risques de l'existence. L'État ne saurait se désintéresser de masses financières, reposant sur des prélèvements obligatoires, représentant environ deux fois son budget et contribuant puissamment à l'économie du pays. La protection sociale a, en effet, un impact sur le coût du travail mais aussi sur le fonctionnement de secteurs entiers de l'économie nationale : celui de la santé est ainsi un des premiers en nombre de salariés.

Compte tenu de cette importance économique et du fort poids politique des couvertures offertes aux populations, l'État a cherché à gouverner de plus en plus le secteur de la protection sociale. Les pouvoirs publics se sont dotés de moyens leur permettant de gérer, directement ou indirectement, les finances sociales. En effet, les engagements européens de la France en termes de dette et de déficits publics concernent non seulement les secteurs de l'État et des collectivités territoriales mais aussi ceux de l'ensemble de la protection sociale.

L'unité des interventions de la protection sociale dans son ensemble est assurée par la présence, plus ou moins prégnante selon les domaines, de l'État. L'organisation, le droit et le financement de la sécurité sociale sont déterminés par l'intervention principale et presque exclusive d'une entité unique, la direction de la sécurité sociale (DSS), créée en 1945. Compte tenu des enjeux qu'elle représente, la sécurité sociale relève de plusieurs instances étatiques de contrôles : contrôle courant de la légalité et de la qualité de gestion par la DSS ; contrôles de la gestion et certification des comptes par la Cour des comptes ; contrôles, inspections et évaluations par l'Inspection générale des affaires sociales (IGAS).

1. Une gouvernance révisée par les LFSS. – La gouvernance de la sécurité sociale a profondément évolué en 1995 et 1996, dans le cadre du « plan Juppé ». Un volet significatif du plan concernait la gouvernance des régimes de sécurité sociale. Le bien-fondé de ces dispositions a alors été très discuté, lesdites mesures marquant un renforcement de l'emprise de l'État sur la gestion des organismes. Ces réformes n'ont jamais été remises en cause. Bien au contraire, elles ont été confortées.

S'agissant de la gouvernance financière, des lois de financement de la sécurité sociale (LFSS) ont été créées. Ces lois permettent au Parlement de déterminer chaque année les conditions générales d'équilibre financier de la sécurité sociale. Il ne s'agit pas de lois « budgétaires » car les dépenses de prestations n'ont pas à être autorisées par le Parlement et ne peuvent être encadrées dans une enveloppe fermée. Imagine-t-on cesser de rembourser les dépenses de santé ou de payer les retraites parce que le montant voté aurait été dépassé ? Les LFSS, comme la CSG, concentrent certaines critiques relatives à l'étatisation, la fiscalisation et la budgétisation de la sécurité sociale. La supervision croissante de l'État est nécessaire, au regard d'un système qui représente le tiers de la richesse nationale et qui est allé au-delà de ce qui avait été envisagé en 1945. La fiscalisation, encore relative, s'appuie sur l'instrument singulier qu'est la CSG. Ce mouvement maintient des recettes spécifiques et affectées à des régimes autonomes. Enfin, la création des LFSS préserve l'autonomie des finances sociales et écarte toute budgétisation ou intégration dans les finances de l'État.

L'approche budgétaire a un sens pour les budgets de l'État et des collectivités locales qui sont constitués surtout de dépenses de personnel ou de dépenses d'investissement que l'on peut encadrer et limiter. Tel n'est pas le cas des dépenses de prestations. La portée et le contenu des LFSS ont été approfondis en 2005 : elles permettent désormais d'embrasser l'ensemble du champ (tous les régimes, les fonds de financement et la dette sociale) et de rapprocher les recettes et les dépenses, par branche, afin de constater, pour le régime général et pour l'ensemble des régimes, la situation excédentaire ou – le plus souvent – déficitaire de la sécurité sociale. Ces lois ont en outre une dimension pluriannuelle : elles présentent les recettes, les dépenses et le solde de la sécurité sociale sur six années. Ce faisant, elles actent deux éléments : d'une part, l'articulation avec le pilotage pluriannuel des finances publiques au plan européen et national et, d'autre part, le fait que les dépenses évoluent sur longue période (les effets financiers des réformes se révèlent sur plusieurs années).

La création des LFSS n'a pas constitué une étatisation de la sécurité sociale. Il y a un élément de plus dans l'emprise croissante de l'État sur le système, mais il n'y a pas intégration des organismes de sécurité sociale dans l'appareil d'État. Et le choix d'une loi autonome conduit à écarter toute intégration dans le budget de l'État. Depuis 1945, l'État fixe la législation. Depuis 1995, les partenaires sociaux, représentés au sein des conseils d'administration des caisses nationales, donnent un avis sur tous les textes et notamment sur les projets de LFSS. Ils peuvent formuler des propositions de mesures. Les LFSS ont introduit un nouvel instrument de démocratie, en permettant, chaque année, un débat public et le vote du Parlement sur la sécurité sociale. Les pouvoirs des partenaires sociaux demeurent : ils prennent position sur les mesures envisagées par le gouvernement et peuvent en proposer d'autres.

2. Des COG pour mieux gérer. – Les conventions d'objectifs et de gestion (COG), créées également dans le cadre du plan Juppé, déterminent un nouveau cadre entre l'État et les caisses de sécurité sociale. Initialement limitées aux seules branches du régime général, elles existent désormais dans la plupart des régimes. Ces conventions précisent, pour une période d'au moins quatre ans, les objectifs de gestion assignés aux différents réseaux de caisses en matière d'amélioration des relations avec les usagers (relation téléphonique, qualité des courriers, sites Internet, délais de réponse), d'efficacité de la gestion interne (coopérations entre caisses, systèmes d'information, gestion du parc immobilier) et de relations avec les tiers (relations avec les partenaires, échanges avec l'État). Elles comportent des engagements de la caisse nationale et des engagements de l'État. La COG signée entre la caisse nationale et l'État est déclinée dans chaque caisse locale par un contrat passé entre ladite caisse et l'organisme national. Chaque COG est évaluée dans des bilans annuels réalisés par la caisse nationale et l'État : les objectifs conventionnels sont mesurés au moyen d'indicateurs posés par la convention.

Cette évolution s'est faite en conservant l'association des partenaires sociaux à la gestion des caisses. Les COG sont conclues entre les ministres compétents et le directeur et le président de la caisse nationale, ce dernier intervenant sur la base du mandat donné par la majorité de son conseil d'administration.

Gouvernance nationale et gouvernance locale de la sécurité sociale ont donc connu des mutations importantes. Sur une matière en évolution permanente, avec des paramètres évoluant sans cesse et des réformes qui se succèdent à un rythme accéléré, de nouvelles instances de concertation et d'expertise ont été créées, de manière à étudier les paramètres des régimes et préparer leurs évolutions. Ces hauts conseils travaillent sur la sécurité sociale au sens large, en pleine liaison avec l'action des conseils d'administrations, du gouvernement et du

Parlement. Il existe aujourd'hui un Haut conseil pour l'avenir de l'assurance maladie (HCAAM), un Conseil d'orientation des retraites (COR), un Haut conseil de la famille (HCF) et un Haut conseil du financement de la protection sociale (HCFIPS). Ces institutions réunissent des parlementaires, des représentants des partenaires sociaux et de l'État autour de travaux d'experts afin d'élaborer un diagnostic partagé de la situation de chaque risque et, le cas échéant, de proposer des axes d'évolution. En cela, ils jouent un rôle de facilitateur pour les évolutions indispensables, constantes et difficiles du système de protection sociale.

TENSIONS, COMPLICATIONS, HORIZONS

Ses détracteurs rappellent les limites de la protection sociale à la française (chômage de masse, clivage générationnel, difficultés d'insertion des jeunes, déficits). Ses défenseurs soulignent ses performances (espérance de vie croissante, qualité des équipements, limitation des inégalités, santé améliorée de la population, fécondité élevée, moindres effets des crises économiques). Érigé, par les uns, en locomotive du progrès et de la croissance, le système est conspué, par les autres, en tant qu'entrave à la compétitivité. Ce débat est cyclique. Vanté en 2008-2009 car assurant une demande intérieure minimale constante et jouant un rôle d'« amortisseur de crise », il a ensuite été à nouveau dénoncé car amortisseur de reprise et source de déséquilibres économiques. Au centre des attentions et interrogations, nationales et internationales, le modèle français est confronté à de puissants défis qui composent les horizons de la sécurité sociale.

I. – Évolutions démographiques : quelles conséquences ?

Démographie et protection sociale sont fortement imbriquées. Les influences réciproques sont puissantes, sans être mécaniques. Puissantes, car les dépenses de santé permettent une amélioration des conditions de vie. Cette amélioration occasionnant une longévité accrue, influe, en retour, sur les dépenses d'assurance maladie et de retraite. Si les liens sont puissants, la causalité n'est pas forcément évidente. Une hausse des prestations familiales n'augmente pas automatiquement le nombre de naissances.

1. Transformation et diversification. – La composition des foyers et les mutations des familles (décompositions et recompositions) ont des effets puissants sur le système, ses dépenses, ses capacités d'adaptation. Les observateurs ont souvent décrit le modèle de sécurité sociale issu de 1945 comme celui de Monsieur « Gagne-pain » et de Madame « Au Foyer ». Les familles se sont transformées par l'égalisation des droits des conjoints et l'augmentation de l'activité féminine. D'où le passage d'une politique familiale qui accompagnait la mono-activité à une politique familiale dont la première préoccupation est la conciliation entre vie professionnelle et vie familiale. La hausse des séparations et divorces, accompagnée par des réformes conférant aux parents séparés le partage de l'autorité parentale, a conduit à revoir et adapter les prestations familiales de manière, par exemple, à les partager en cas de résidence alternée des enfants. Par ailleurs, la politique familiale cherche à mieux prendre en charge les familles monoparentales (le plus souvent constituées d'une femme et d'un ou plusieurs enfants) et les enfants pauvres (c'est-à-dire les enfants vivant dans des ménages comptés comme pauvres).

Du point de vue de la fécondité, la situation française est favorable. Avec plus de 2 enfants par femme, le pays se situe, selon les années, au premier ou au deuxième rang européen alors que la moyenne des 28 pays de l'Union se situe en dessous de 1,6 enfant par femme. La population française se renouvelle également du fait de l'immigration (plus d'un enfant sur cinq a au moins un parent né à l'étranger). Cette diversification de la société française prête à d'importantes controverses. Pour la protection sociale, elle pose le problème d'un modèle de couverture large, envisagé pour une population plutôt homogène. Or, les sociétés les plus hétérogènes sont les moins favorables à la protection sociale. La diversification n'a pas forcément un impact sur le type de couverture, mais sur l'ampleur et la cible des politiques sociales, tout comme du soutien dont elles peuvent bénéficier.

La finalité du système de protection sociale est de protéger les assurés des risques de l'existence. Or, depuis 1945, non seulement les risques couverts et les protections apportées ont constamment crû mais, de plus, la population s'est transformée dans sa structure comme dans ses demandes et besoins. La structure des dépenses d'assurance maladie a profondément évolué. À l'origine, l'essentiel des dépenses était constitué des revenus de remplacement, les dépenses de soins ayant un poids minoritaire. En 2013, les prestations en espèces ne représentent plus que 6 % de l'ensemble des dépenses d'assurance maladie. La forte hausse des masses financières consacrées à l'assurance maladie s'est ainsi accompagnée d'une forte hausse des consommations de soins. La création de la sécurité sociale a permis aux Français de recourir au système de santé et de constituer ainsi des habitudes de soins qui se renforcent de génération en génération. Il en résulte une pression constante à la hausse des dépenses d'assurance maladie, accentuée par les coûts croissants du progrès médical. Se pose, de surcroît, la question des pathologies lourdes et chroniques reconnues comme affections de longue durée (ALD). Près de 10 millions de malades souffrant de ces affections bénéficient de plus de 60 % des dépenses remboursées. Le poids de ces affections va croissant et leur prise en charge en intégralité est souvent discutée en ce qu'une part croissante des dépenses de certaines maladies est financée par une moindre prise en charge de l'ensemble des assurés sur les pathologies moins lourdes.

2. Vieillissement et dépendance. – Vieillissant moins vite que ses voisins européens, la France est néanmoins largement concernée par le phénomène. En 1975, l'âge médian de la population était de 32 ans. Il est de 41 ans en 2015. En 1950, les moins de quatre ans représentaient près de 10 % de la population, les plus de 80 ans moins de 2 %. À l'horizon 2050, les octogénaires et nonagénaires représenteraient 10 % de la population, les petits enfants environ 6 %. Le poids croissant des personnes âgées exerce plusieurs pressions sur la protection sociale. Il s'agit d'être en mesure de verser des pensions et en capacité de financer les dépenses de santé mais aussi de satisfaire les besoins nouveaux du grand âge et, au premier chef, la dépendance. L'allongement de la durée de vie et la transformation des structures familiales conduisent ainsi les familles à solliciter, de plus en plus souvent, des structures extérieures (les maisons de retraite ou établissements d'hébergement des personnes âges dépendantes, EHPAD). Le poids de ces dépenses médico-sociales va croissant. Elles sont prises en charge à la fois par l'État, les départements et – premier financeur – la sécurité sociale.

La montée en puissance de la problématique de la dépendance a conduit à créer un nouvel organisme, la caisse nationale de solidarité pour l'autonomie (CNSA). Depuis 2004, cette caisse prend en charge la perte d'autonomie des personnes âgées et des personnes handicapées. Elle finance les prestations, que celles-ci soient en espèces (en particulier l'allocation personnalisée d'autonomie, APA) ou en nature (dépenses de soins). Elle soutient le développement des structures en contribuant aux coûts d'investissement. La CNSA est financée par les recettes liées à la journée de solidarité instaurée en 2004 qui consiste, pour les salariés, à travailler une journée sans être rémunéré, ces rémunérations étant versées à la CNSA. Des contributions spécifiques ont, par ailleurs, été instituées sur les revenus du capital et des placements ainsi que sur les revenus de remplacement. Les besoins de financement pour la retraite et la dépendance vont croissants. La perspective du vieillissement se matérialise dans les évolutions du rapport entre actifs et inactifs. En 2010, on compte 2,1 actifs pour 1 inactif de plus de 60 ans, ce rapport ne serait plus que de 1,7 à horizon 2030 et de 1,5 en 2060.

Le vieillissement pèse d'ores et déjà fortement sur les dépenses sociales. Ce poids croît régulièrement. La hausse de la part des personnes âgées pose indirectement la question de charges croissantes assumées par une part moins importante d'actifs. Toutefois, la dynamique du vieillissement permet aussi le développement d'une nouvelle économie (*silver economy*).

S'il n'y a pas forcément conflits de génération au sein de chaque famille, des tensions apparaissent dans les comptes sociaux quant aux priorités entre les niveaux de dépenses au profit des enfants et des familles, d'une part, et de hauts niveaux de dépenses pour les retraités, d'autre part. Le vieillissement résulte de la montée en puissance des systèmes de retraite et d'assurance maladie. Il influence, en retour, les choix de sécurité sociale. Il n'y a pas compétition frontale entre les risques (la famille contre les retraites), mais il y a de plus en plus concurrence.

Les effets de la démographie sur la protection sociale sont déterminants : les transformations des structures démographiques entraînent, de manière cumulative ou alternative, la hausse de certaines dépenses, voire le besoin de déployer de nouvelles prestations et organisations. La question clé est celle de la soutenabilité d'une telle dynamique qui mobilise des financements toujours plus importants. Il ne s'agit pas uniquement d'une question technique de financement, mais d'une question éminemment politique de pourtour de mise en œuvre du principe de solidarité.

II. – Dynamiques économiques : quels financements ?

L'analyse de l'image du « trou » de la sécu constitue une figure imposée. La sécurité sociale, loin d'être l'illustration des sécurités qu'elle apporte, est ainsi scrutée comme une sorte de « puits sans fond ». De fait, depuis la fin des années 1970 et la situation de chômage de masse, les déficits ont été bien plus fréquents que les situations d'excédents.

Solde du régime général de sécurité sociale de 1978 à 2014, en milliards d'euros

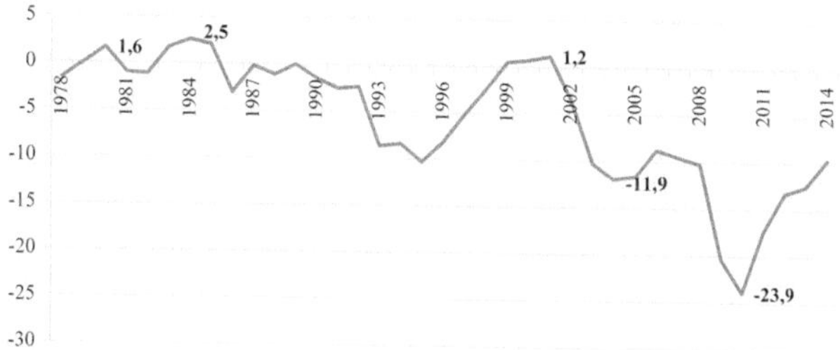

Source : LFSS – les données chiffrées correspondent aux « pics » d'excédent ou de déficit.

En 1984, dernière année la plus favorable, le régime général présentait un excédent de 2,5 milliards d'euros. En 2010, le déficit annuel le plus important constaté dans l'histoire de la sécurité sociale s'est élevé à près de 24 milliards d'euros. Depuis, le déficit est revenu au niveau qui prévalait avant le choc de la crise économique de 2008, autour donc de 10 milliards d'euros, montant très difficile à résorber en période de faible croissance.

La succession de déficits conduit à la constitution d'une dette. Une structure spécifique, la caisse d'amortissement de la dette sociale (CADES), créée en 1996, est chargée de porter la dette, d'aller chercher les financements nécessaires sur les marchés et de rembourser les emprunts au moyen de ses recettes. Parmi celles-ci, figure au premier chef la contribution au remboursement de la dette sociale (CRDS) qui est prélevée, à l'instar de la CSG, sur l'ensemble des revenus. La démarche retenue est de donner à voir la dette, en l'isolant dans un structure dédiée et en la finançant par un prélèvement spécifique que chaque redevable constate. En 2014, la dette cumulée transférée à la CADES s'élève à près de 227 milliards d'euros. Sur ces montants, près de 130 milliards demeurent à financer soit près de 75 % des dépenses de santé la même année. On pourrait – théoriquement – rembourser la dette en cessant toute dépense de santé dès la première semaine du mois d'avril. Ce qui est, naturellement, totalement inenvisageable.

La dette sociale est le fait des déficits, au premier chef, de la branche maladie et, dans une moindre mesure, de la branche vieillesse. Cette dette est critiquée en ce qu'elle conduit à faire financer des dépenses courantes (retraites, dépenses de santé) par les actifs et qu'elle reporte la charge des dépenses d'aujourd'hui sur les générations futures. Cette approche, pertinente, doit néanmoins être tempérée. En effet, en 2013, les dépenses de sécurité sociale, au sens strict, représentent près de 23 % de la richesse nationale alors que celles de l'État en représentent uniquement 13 %. Or, cette même année, la dette publique est constituée pour 10 % par la dette sociale, la dette de l'État en représentant 73 %. La dynamique des déficits sociaux est certes préoccupante. Les déficits sociaux annuels sont cependant relativement mesurés, au regard des masses et, là encore, par rapport aux déficits de l'État. La problématique de la dette sociale s'inscrit dans une approche plus large. Alors que la croissance des dépenses sociales était anticipée, elle n'a pu être totalement financée, compte tenu de l'impossibilité de compenser cette hausse par une plus forte rigueur sur les autres secteurs des finances publiques (État et collectivités territoriales). Le système de protection sociale est donc, au plan financier, prisonnier non seulement de ses dynamiques propres en recettes et en dépenses mais aussi de la situation globale des finances publiques.

Les recettes de la protection sociale reposent largement sur les revenus d'activité. Financer la protection sociale passe nécessairement par un faible taux de chômage. De plus, toute diminution de l'activité économique a un effet immédiat sur les niveaux des salaires et de l'emploi. Ces effets se répercutent immédiatement sur les recettes sociales. Bien que la sécurité sociale bénéficie d'impôts et de taxes affectés, son financement demeure quasi exclusivement dépendant des variations des revenus d'activité. Le financement de la protection sociale est également affecté par la transformation des relations de travail. Le développement de l'activité professionnelle à durée déterminée, à temps partiel et faiblement rémunérée a un double effet : les recettes sociales générées par ces activités sont moindres et les situations de précarité appellent des besoins de sécurité accrus et donc une hausse des dépenses de protection sociale de solidarité (maintien de couverture, prestations minimales).

Côté dépenses, celles-ci augmentent mécaniquement en raison à la fois de leur pente naturelle et de l'émergence de nouveaux risques et besoins à couvrir. La baisse de l'activité économique a aussi des effets sur les dépenses : elles augmentent nécessairement en période de crise (*via* notamment la hausse des allocations chômage). Cette hausse des dépenses en période de crise n'est pas que négative : elle est aussi le reflet du niveau de sécurité voulu. Les allocations versées permettent ainsi de faire circuler les richesses dans l'économie et donc d'atténuer les effets d'une crise. Le rôle d'amortisseur social des crises peut, *a contrario*, contrarier la reprise économique.

La forte sensibilité des recettes et des dépenses sociales à la conjoncture économique nécessite la recherche de nouvelles recettes mais aussi des efforts renforcés d'encadrement des dépenses. L'agenda politique est ainsi rythmé de réformes régulières des deux plus gros secteurs de dépenses soit les assurances vieillesse et maladie, auxquelles s'ajoutent des évolutions des autres secteurs de dépenses, avec des révisions et rabots, toujours difficiles à faire passer, notamment sur les prestations familiales.

Les dernières années ont été marquées par le niveau extrêmement important de maîtrise attendu – et, pour partie, assuré – des finances sociales. Le système de protection sociale subit néanmoins de plein fouet la dégradation de la situation économique.

Le financement de la protection sociale ne peut être appréhendé sans analyser l'impact du coût du travail sur le développement de l'activité économique. Le niveau des salaires versés aux salariés, combiné au niveau des prélèvements sur salaires, conduit à un coût relativement élevé du travail en France. Des débats récurrents interviennent sur l'impact réel de ce coût du travail sur la croissance. Toutefois, toutes les politiques de soutien à l'activité ont conduit, depuis les années 1990, à faciliter l'emploi salarié soit par le financement de certains emplois et des coûts correspondants (« contrats aidés ») soit en diminuant les prélèvements supportés par les bas et moyens salaires (de 1 à 1,6 Smic). Ces allégements ou exonérations de cotisations sont, pour la plupart, compensés à la sécurité sociale par l'État. Si leurs effets sur l'emploi sont souvent discutés, ils demeurent un outil essentiel de politique économique. Des réformes structurelles ont été envisagées mais non mises en œuvre : l'idée de financer la sécurité sociale non par des prélèvements sur l'activité mais sur la consommation de biens et services (« TVA sociale ») est souvent mise en avant. Elle aurait un impact sur la consommation mais aurait pour vertu de diversifier le financement et de frapper tant les productions françaises que les importations. Cet équilibre entre pérennité financière par des recettes stables et absence de pénalisation de l'emploi et de la croissance est au cœur des réflexions sur le financement.

Quoi qu'il en soit, la question financière est première. Elle est la condition de pérennité du système. Les finances sociales, premier secteur des finances publiques, constituent un enjeu central dans la maîtrise des comptes alors que la France s'engage à l'équilibre au niveau européen et, compte tenu de son endettement, est tributaire de la situation des marchés financiers.

Fraude et non recours

Qu'il s'agisse de la fraude aux prestations (avec fausses facturations ou fausses déclarations) ou de la fraude aux cotisations (sous- ou non-déclaration, travail illégal ou dissimulé), le sujet grève les comptes et l'image. La fraude peut être le fait de bénéficiaires de prestations, d'employeurs, de professionnels de santé. Sa répression prend toujours plus d'importance dans le débat public comme dans le quotidien des organismes. La prévention passe par des prestations sociales et des dispositions fiscales, créées pour encourager les déclarations des particuliers employeurs. La lutte passe, en plus de sanctions régulièrement alourdies, par l'analyse approfondie de données. Elle passe, encore, par des équipes spécialisées, avec un équilibre entre la nécessité du contrôle (impliquant intrusions et partages accrues des donnés) et le respect des libertés fondamentales. Comme pour toute délinquance, on ne connaît vraiment de la fraude que celle qui a été effectivement détectée. Il en va ainsi d'environ 0,5 milliard d'euros pour la fraude aux prestations (plus souvent des prestations d'aide sociale que de sécurité sociale) et de 1,5 milliard de redressements des entreprises privées (dont 400 millions pour le « travail au noir »). Une vision extensive, nourrissant des polémiques, évoque un chiffre de 20 milliards d'euros d'ampleur réelle de la fraude (soit un point de PIB, et deux fois le montant du déficit de la sécurité sociale). Rien ne permet de l'étayer à ce niveau. Il est cependant certain que le niveau de fraude aux prélèvements est bien supérieur au niveau des fraudes aux prestations. Symétriquement au sujet de la fraude se pose celui du non-recours aux prestations, c'est-à-dire du nombre de personnes éligibles qui ne touchent pas ce à quoi elles peuvent prétendre. Des proportions importantes de bénéficiaires potentiels sont dans cette situation pour des prestations complexes. Ce phénomène de non-recours pèserait fortement sur les finances, non pas frauduleusement, mais injustement, par des économies faites sur les dépenses. Comme pour la fraude, les chiffres ne sont pas assurés. Et si, pour la fraude, le point clé est d'établir l'intention frauduleuse, il n'y a pas d'intention explicite d'économies avec le non-recours. Les deux sujets de la fraude et du non-recours sont problématiques.

Enjeux financiers et politiques non négligeables, ils n'ont pas les volumes exagérés que d'aucuns se plaisent à souligner. Une action plus déterminée encore contre la fraude ne saurait résoudre tous les problèmes de financement. Parallèlement, des actions renforcées pour l'accès aux droits ne risquent pas de déstabiliser totalement l'équilibre financier.

III. – Gouvernance : quelles perspectives ?

La sécurité sociale mise en place en 1945 présentait une dimension essentielle chère à ses bâtisseurs. Les organismes, constitués d'entités distinctes de l'État, verraient leur gestion confiée aux « intéressés », par l'intermédiaire des partenaires sociaux. La sécurité sociale devait ainsi incarner, à côté de la démocratie politique, une nouvelle démocratie sociale. Cet objectif s'inscrivait dans l'idée de renforcer un sentiment d'appartenance et de réalisation collective : la citoyenneté sociale. La démarche n'a que partiellement réussi.

Plusieurs formules ont été essayées en matière d'équilibre des pouvoirs au sein des conseils d'administration des caisses du régime général depuis 1945 : élection ou actuellement désignation des représentants, paritarisme strict ou majorité aux représentants de salariés ou encore – comme c'est le cas maintenant – représentation paritaire des salariés et des employeurs et participation de personnalités qualifiées désignées par l'État. La capacité d'intervention des partenaires sociaux en matière de gestion est désormais largement encadrée par les COG. La participation des partenaires sociaux au système demeure inséparable de l'idée même de sécurité sociale. Leur intervention a néanmoins été limitée à des dimensions d'influence. Ce type de gouvernance est spécifique à la sécurité sociale : les autres régimes de protection sociale obligatoire (chômage, retraites complémentaires) sont gérés dans un cadre paritaire, les partenaires sociaux y définissent non seulement les règles applicables mais contribuent à la détermination de l'équilibre financier, des budgets de gestion interne et de l'organisation des réseaux.

Le paritarisme rencontre des difficultés et suscite des interrogations supplémentaires. Tout d'abord se pose le problème de la représentativité des organisations érigées au rang de partenaires sociaux. D'autres syndicats aspirent à venir siéger aux conseils d'administration des organismes. Des collectivités territoriales, des départements en particulier, le voudraient également. La démocratie sociale devrait aussi, selon certaines demandes, s'ouvrir à d'autres organisations. Les associations familiales sont très présentes dans la gouvernance de la sécurité sociale. Du côté du chômage, des associations de chômeurs réclament plus de présence dans la gouvernance paritaire. En matière d'assurance maladie, la démocratie sociale se double maintenant d'une démocratie sanitaire, des droits plus substantiels étant reconnus aux usagers. Des associations de patients aspirent à être davantage présentes.

La question de la place des partenaires sociaux est fréquemment rapprochée des missions exercées par la sécurité sociale. Des positions soulignent que le système s'est éloigné d'un idéal type assurantiel à mesure de son élargissement. La participation des partenaires sociaux ne serait justifiée, dans cette approche, que s'agissant des logiques d'assurance, la solidarité relevant de l'État. L'étatisation du système serait implacablement en marche sous les effets conjugués, d'une part, de l'ouverture de prestations sans obligation de cotisation préalable et, d'autre part, de l'affectation de recettes fiscales à la sécurité sociale. Ces analyses doivent être tempérées. Il n'y a pas d'un côté l'assurance et de l'autre la solidarité. Le système de sécurité sociale repose toujours sur le principe de solidarité nationale et, concrètement, sur l'idée même de solidarité entre générations et au sein de chacune d'entre elles. Les prestations en espèces renvoient à cette approche puisque leur niveau n'est jamais strictement proportionnel aux cotisations versées, approche retenue dans les systèmes d'assurances privées. Par ailleurs, dès les années 1950, des recettes fiscales ont été affectées à la sécurité sociale afin de diversifier ses sources de financement. L'idée d'un âge d'or d'une sécurité sociale exclusivement assurantielle se relativise, autant que celle d'une sécurité sociale qui serait en voie d'étatisation.

IV. – Investissement social : une idée refondatrice ?

On peut relever une récente effervescence internationale autour de la formule d'« investissement social ». La notion a aujourd'hui ses initiateurs et ses laudateurs. Elle a ses contempteurs qui, les uns, y voient du néolibéralisme (instillant de l'évaluation tous azimut), et, les autres, du néosocialisme (légitimant la dépense donc l'endettement).

L'idée, qui a la vertu de pouvoir revisiter de grands projets comme celui de sécurité sociale, repose sur une intuition classique : les dépenses sociales, certaines plus que d'autres, sont rentables. Elle a une visée plus ambitieuse : la refonte des systèmes de protection sociale dans un sens plus favorable aux familles, aux femmes actives, aux jeunes et aux enfants.

Les dépenses sociales sont traditionnellement envisagées comme des instruments d'amortissement social : elles permettent de limiter les conséquences de risques, notamment en période de crise. Au regard des tensions sur les finances sociales, le danger se profile d'un certain désinvestissement social (que celui-ci soit ardemment souhaité ou redouté et subi) par la réduction des dépenses. La mise en avant de la notion d'investissement social, issue de réflexions universitaires et politiques, vise à changer de perspective. Se placer dans une logique d'investissement social, c'est fondamentalement considérer que les dépenses sociales, en tout cas une partie d'entre elles, ont une rentabilité. Le démontrer permet d'écarter le risque du désinvestissement social.

De façon simple, la logique de l'investissement social tient d'une maxime commune : mieux vaut prévenir que guérir. Le sujet n'est pas neuf. On en trouve le principe, par exemple, chez Victor Hugo (« Ouvrir une école, c'est fermer une prison »). On le trouve presque explicitement exprimé chez les solidaristes au tournant des XIXe et XXe siècles : ils veulent mettre l'accent sur une optique plus préventive que réparatrice. Plus tard, sans qu'il en soit exactement question, c'est à travers les études de rationalisation des choix budgétaires (RCB) que l'on peut en retrouver l'essence. En effet, dans les efforts des années 1970 pour fonder rationnellement les politiques sociales, l'on trouve des idées relevant pleinement de l'investissement social. De fait, tout ce qui est mesure de l'investissement social procède largement d'une extension de démarches classiques d'évaluation coûts/bénéfices.

Au sens économique, la dépense de prestation sociale n'est jamais véritablement un investissement, dans la mesure où elle ne peut que rarement s'amortir. Mais aux plans comptable et politique, parler d'investissement social c'est simplement rappeler qu'à une charge est attaché un produit. Dans une certaine mesure, l'idée d'investissement social consiste à renverser la liaison typique de la protection sociale Produits → Charges (des ressources tirées de prélèvements obligatoires affectées à des dépenses sociales) par une autre optique Charges → Produits (des dépenses sociales dont on mesure l'impact économique).

La logique de l'investissement social consiste aussi à insister sur une première ambition de la protection sociale : celle-ci ne doit pas uniquement viser l'indemnisation en cas de risque, mais, plus volontairement, l'égalité des chances en donnant à chacun la possibilité de son autonomie. Distincte à la fois du keynésianisme (pour l'amorçage ou la relance) et du libéralisme (pour le soutien à la croissance), la perspective serait de soutenir les capacités plutôt que les revenus. Les systèmes ne doivent pas seulement compenser l'absence de revenus des individus mais investir pour leur permettre de progresser.

L'investissement social se veut réponse globale et cohérente aux défis de la société postindustrielle, tant démographiques qu'économiques et sociaux. Les animateurs de ce mouvement appellent à considérer la protection sociale comme une condition de possibilité et non un obstacle à une croissance économique soutenue.

Se placer du côté de l'investissement social, c'est substituer à une conception traditionnelle et statique des politiques sociales, visant à réparer les situations les plus difficiles ou bien à remplacer les revenus perdus, une perspective dynamique prenant en compte les trajectoires des individus, leurs aléas dans l'économie de la connaissance et l'émergence de nouvelles inégalités entre les sexes, les générations et les groupes sociaux.

Cette approche souligne que les politiques sociales ne peuvent plus se contenter d'être des dispositifs d'indemnisation (même si elles n'ont jamais été seulement cela), mais qu'elles doivent relever d'une stratégie collective d'investissement (comme l'a été, en 1945, la décision de lancer la sécurité sociale). Bref, il s'agit de passer d'un État providence essentiellement « infirmier », à un État providence « investisseur ».

Il importe fondamentalement de savoir si cette orientation vient remplacer le système en place, ou bien le compléter, tout en le transformant. Paramétrage différent des champs de la protection sociale, la logique d'investissement social appelle des modifications en profondeur. Ses partisans plaident, en général, en faveur du développement des services et équipements collectifs, plutôt que des prestations monétaires de réparation et de compensation.

Concrètement, l'acclimatation de l'idée d'investissement social passerait par le maintien, non sans réformes, du système, au moins dans ses dimensions assurantielles traditionnelles pour la santé et les accidents du travail. Des transformations substantielles seraient néanmoins attendues pour ce qui relève de l'emploi, des retraites et des politiques familiales (trois domaines d'ailleurs très liés). L'ambition générale est donc d'étendre la sécurité sociale en la transformant à partir d'une visée : que le destin de chacun soit mieux sécurisé par l'emploi de qualité.

Tableau de synthèse sur la logique d'investissement social

État providence « investisseur » Soutien et préparation	**État providence « infirmier » Réparation et indemnisation**
Intervention en amont, *a priori*	Intervention en aval, *a posteriori*
Armer, former pour éviter le risque	Attendre le fait générateur pour intervenir
Préparation – État préventif	Réparation – État curatif
Dépenses actives	Dépenses passives
Les jeunes, les femmes et les enfants	Les hommes, les vieux
Une vocation « trampoline »	Filet de sécurité et garantie du revenu
Prédistribution – Autonomie	Redistribution – Garantie
Flexisécurité	Sécurité figée
Augmentation de dépenses ciblées	Réductions de cotisations et d'impôts
Emplois publics de qualité	Emplois publics précarisés

Source : d'après les travaux de Bruno Palier.

Tout n'est certainement pas investissement social, et il convient de ne pas faire glisser, sous une rhétorique positive, l'ensemble des dépenses sociales. Il ne s'agirait pas, avec le terme d'investissement, de légitimer le renforcement d'un endettement extrêmement problématique, sous couvert d'une efficacité économique redécouverte. Au fond, raisonner et gérer à partir de l'idée d'investissement social ne doit pas conduire à habiller la protection sociale de nouveaux mots, mais à faire des choix. En décidant de ce qui est économiquement et socialement rentable. C'est ce à quoi doit mener la logique d'investissement social : des arbitrages.

V. – Simplification : choc nécessaire ou vœu pieux ?

La simplification apparaît, avec l'évaluation, comme une ardente obligation des politiques publiques contemporaines. Mais la simplification est compliquée. Et les grandes réformes de simplification se sont souvent avérées productrices de complexité. Il en va ainsi de la création du RSI et du RSA. Cette réforme de l'organisation de la sécurité sociale des indépendants et cette réforme des minima sociaux ont, toutes les deux, été présentées à leur origine comme de grandes œuvres de simplification. Et toutes les deux ont rapidement été décriées comme de redoutables complexifications, pour les gestionnaires comme pour les bénéficiaires. À rebours de ces exemples brocardés, des initiatives, reposant d'ailleurs de plus en plus sur de la dématérialisation, comme la carte Vitale, le chèque emploi service universel (CESU) ou le service Pajemploi (destiné à gérer les aspects administratifs des parents employeurs) sont vantées.

1. La simplification, ardente obligation. – Nombre de responsables politiques, d'experts et d'opérateurs déplorent la complexité et, pire, la complexification croissante des politiques, des politiques sociales en particulier. Le sujet n'est pas neuf. La revue *Droit social* publiait, dès les années 1970, des articles sur le thème de la complexité et de la simplification. Ces contributions, avec des désaccords techniques de détail, allaient déjà dans le sens d'une nécessaire lutte contre la complexité illégitime et contre-productive. Reprenant et commentant des positions politiques, des rapports administratifs sur la législation sociale, ces textes soulignaient le caractère sisyphéen de l'exercice de simplification et critiquaient l'absence de l'usager de ces débats, alors que la complexité croissante était déjà légitimée comme une adaptation du droit aux particularités. Déjà s'affirmait le souhait de voir la simplification devenir le « *leitmotiv* dans l'action administrative » ainsi que l'optimisme quant à la capacité des « techniques modernes de gestion » (le « *management* moderne ») pour « réduire enfin cette hydre de Lerne ».

Il n'y a donc pas nécessairement nouveauté au thème de la simplicité, mais l'intensité de la complexité devient particulièrement problématique. À trois échelles. Tout d'abord, sur un plan doctrinal, la cohérence globale du système de protection sociale échappe. L'aide et l'action sociales, qui étaient appelées à disparaître, se sont étendues et ramifiées. La prévoyance et les complémentaires, appelées elles aussi, en principe, à s'effacer, ont le vent en poupe. La sécurité sociale elle-même fait l'objet, dans ses branches, ses régimes et ses mécanismes, d'une sophistication extrême. Avec la décentralisation, on a vu se mettre en place, à côté de l'État providence, des « départements providence », eux-mêmes remis en question par une recentralisation, puis l'arrivée des métropoles. Face à ces mouvements, incessants, même les spécialistes n'ont plus vraiment de vue d'ensemble. Ce brouillage doctrinal, au fond, n'est pas forcément embarrassant. Plus graves sont les embarras concrets des opérateurs et gestionnaires (caisses de sécurité sociale et collectivités territoriales aux premiers rangs). Les politiques sociales sont quotidiennement modifiées par une révision permanente de leurs paramètres, ce qui se traduit, de plus en plus délicatement, dans les systèmes d'information. Dévoreuse de moyens et d'énergie, comme une course sans fin, cette complexification continue ne permet plus de gérer à bon droit. Mais, plus graves encore, l'incompréhension et les critiques des destinataires des politiques sociales s'accentuent. Les usagers ne comprennent pas leurs droits que peinent à leur expliquer des techniciens ou conseillers dépassés par la complexité. La simplification s'impose donc à la fois pour dépasser les impasses doctrinales, les limites gestionnaires, les tracas individuels. *In fine*, deux légitimités fondent la simplification : une légitimité économique (pour faire mieux, avec sinon moins, du moins probablement pas plus) ; une légitimité démocratique (pour assurer lisibilité, visibilité et efficacité des dépenses sociales).

2. Internaliser la complexité, externaliser la simplicité. – Face à la densité et à la complexité des prestations sociales, certains experts, issus de rangs divers, soutiennent une simplification drastique. Plutôt que de multiples prestations sociales, sous conditions de ressource ou non, le principe serait de réduire leur nombre, d'en harmoniser les barèmes, et d'en assurer le service par une institution unique. Une solution radicale, dont on peut trouver des expressions politiques à gauche comme à droite, consiste à doter les individus d'un revenu universel. Cette idée d'un revenu qui peut aussi être dit inconditionnel ou de citoyenneté s'élabore depuis environ deux siècles et rassemble des partisans partout dans le monde. Le sujet est souvent balayé d'un revers de main sur l'autel des réalités économiques et des craintes de désincitation au travail. La pesée des arguments et contre-arguments doit cependant prendre en considération ce qu'une telle instauration signifierait en termes de simplification. Une totale révolution. Deux options philosophiques sous-jacentes à une telle configuration s'opposent. Dans un premier camp, les partisans du revenu universel aspirent à compléter l'édifice en place. Dans un deuxième camp, il s'agit de complètement le remplacer. Dans sa version extrême, cette idée a ceci de commun avec la sécurité sociale, d'ambitionner un système unique (pas d'autre organisation), universel (tout le monde est concerné) et uniforme (la prestation serait forfaitaire). Le projet et sa mise en œuvre sont cependant loin des couloirs de la décision. Il n'empêche que sur le registre des prestations, il est tout de même possible de simplifier. Une réforme d'envergure tiendrait d'une unification des bases ressources des différentes prestations. Une telle harmonisation aurait le double avantage de diminuer sensiblement le travail de contrôle des caisses et d'augmenter la visibilité que peuvent avoir les bénéficiaires des évolutions de leurs droits. La logique sous-jacente à cette voie de simplification est d'assurer la lisibilité et la stabilité des règles.

Un autre foyer, plus aisé, de simplifications relève de la relation de service. Puisque les différentes institutions ne peuvent être bouleversées du jour au lendemain, une idée force est de rendre compatibles, interopérables et interconnectés les systèmes d'information. La complexité doit ainsi être internalisée par la technique. Symétriquement, et toujours en s'appuyant sur les systèmes d'information, il est possible d'externaliser la simplicité, avec mise en œuvre d'un principe exigeant, celui de l'unicité. La perspective d'un point d'entrée unique pour un service global et intégré apparaît être une cible souhaitable et possible. Le programme « Dites-le-nous une fois », développé par l'administration française à destination des entreprises, consiste à alléger les tâches administratives en diminuant les sollicitations et en mutualisant les données. Pour ce qui relève des politiques sociales, on parle souvent, en France, de guichet unique. Mais c'est en général pour les multiplier, ce qui est contradictoire. Les Anglo-Saxons parlent de *one stop shop* que l'on doit plus valablement traduire par « point d'entrée unique ».

Toute cette simplification par unicité ne se ferait pas aisément. Elle se légitime au nom de l'usager, avec une ambition à haute teneur technologique, et haute valeur ajoutée de service. De telles orientations permettent une forte personnalisation de la relation de service, des gains substantiels de temps et de ressources. Elles sont susceptibles néanmoins de remettre en cause, dans leur substance, les institutions et réseaux de caisse existants. De telles évolutions ne vont donc pas sans réticences dont il convient de triompher.

Toute cette logique de simplification par unification et intégration de services est d'abord une architecture technique, permettant notamment l'intermédiation des relations entre institutions et des systèmes. Elle ne passe pas par la normalisation des institutions, des accueils et des prestations, mais par celle des données. Les points d'entrée uniques ne naissent pas d'une idée de transformation des prestations, mais de la possibilité d'améliorer leur administration. L'ambition est de diminuer les coûts de gestion pour l'organisation mais surtout pour la personne. Quels que soient les sujets d'entrée (une baisse de revenus, un problème de logement, mais aussi une naissance, un accident, un départ à la retraite, etc.), il n'y a plus, dans cette logique, de codes personnels et de dossiers différents. Le principe est que la personne doit être reconnue dès qu'elle est rencontrée, c'est-à-dire dès qu'elle est individuellement connectée.

La puissance des systèmes d'information ne doit pas être mise à défaut par des législations et réglementations inutilement sophistiquées. À l'inverse, cette capacité contemporaine de connexions et de collaborations peut assurément être mise au service d'une simplification pour l'usager, qui ne soit pas une complexification sans nom pour l'administration. La conclusion de cette analyse revient assez aisément à une citation que l'on attribue au génie de Léonard de Vinci : « La simplicité est la sophistication suprême. » Cette sophistication, par intégration de la complexité et offre de la simplicité, passe peut-être moins par des annonces grandioses et des réalisations immédiates que par petites touches successives. Un peu, au fond, comme s'est progressivement affirmée et continue à s'affirmer la sécurité sociale.

VI. – Révolution numérique : vers une sécurité sociale 2.0 ?

Les évolutions possibles des systèmes d'information et de la relation aux usagers doivent se saisir dans un contexte d'évolutions plus larges. La révolution numérique a intégralement bouleversé des industries comme celles de la communication, de la finance ou de la mobilité. Elle transforme profondément, dans tous les secteurs, la relation de service. Le travail de production de la sécurité sociale (la gestion des droits et dossiers) se dématérialise lui aussi. Toujours moins de papiers, toujours plus de données.

Plus profondément, la transition numérique peut, potentiellement ou brutalement, avoir des impacts considérables sur l'édifice même de la protection sociale, et singulièrement sur les risques de sécurité sociale et les manières de les gérer. Si les conséquences de la révolution digitale alimentent des prophéties inquiètes ou satisfaites, il importe de rappeler que la sécurité sociale a toujours su innover en matière de traitement de l'information, avant de signaler combien les tendances à l'œuvre et les perspectives pourraient être pleinement disruptives (comme le soutiennent les spécialistes du domaine), tant pour ce qui procède du « produit » sécurité sociale que du « service ».

1. Production et produits métamorphosés. – La sécurité sociale repose sur un ensemble de droits, de règlements et de financements. Matériellement, elle s'appuie sur des services organisés industriellement. Historiquement, les caisses ont compté parmi les grands précurseurs de l'informatisation et de l'automatisation. Il s'agit de toujours mieux traiter flux de masse et volumes immenses d'informations. Des cartes perforées à l'Internet, les systèmes d'information se sont constitués, renforcés et adaptés, tant aux évolutions des législations qu'aux attentes toujours plus élevées des populations. De l'époque des super calculateurs à celle des micros ordinateurs et de l'informatique dans les nuages (le *cloud*), la sécurité sociale a toujours été un foyer d'innovations. Autant qu'une infrastructure physique (avec des personnels et de l'immobilier), elle est une infrastructure numérique. Ses sites Internet comptent parmi les plus fréquentés à l'instar des 110 millions de connexions par an au site de l'assurance maladie (Ameli). Une nouvelle fois, la célébration béate serait ridicule. Il y a plusieurs mondes entre les *start-up* et la gestion quotidienne des organismes. Pour autant, l'informatisation puis la digitalisation des services de sécurité sociale ont toujours accompagné les mutations de l'institution.

Aux problèmes actuels de cyber-sécurité s'ajoutent ceux, plus stratégiques encore, de mutation digitale d'une société qui, d'industrielle puis postindustrielle, devient digitale. C'est l'assurabilité des risques traditionnels qui se transforme. C'est la prise en compte de nouveaux risques qui se profile. Il en va ainsi, en cohérence avec l'idée d'investissement social, de la nécessité de mieux couvrir les potentiels perdants des transformations en cours (jeunes non qualifiés notamment).

Sur le plan des productions, la sécurité sociale, conçue pour répondre aux besoins de la société industrielle de masse du XXe siècle, apparaît remise en cause par l'avènement d'une société plus individuelle, plus fragmentée, où comptent davantage les petites structures, la fluidité des organisations, les services personnalisés. Techniquement, le numérique diminue les coûts et ouvre des opportunités très fortes, dépassant les frontières, en ce qui concerne médecine de ville et même opérations chirurgicales. La médecine n'est plus uniquement un colloque singulier entre un patient et un traitant, mais une relation à trois avec un Internet généralisé qui transforme la production des diagnostics.

Le numérique, associé au génie génétique, introduit de nouvelles capacités prédictives, notamment en santé. Le sujet est connu depuis des années, en ce qu'il change la nature même des risques, avec des aléas qui deviennent assurables individuellement. Rompant avec le voile d'ignorance dont parlait le philosophe John Rawls (l'idée selon laquelle l'égalité prévalait, dans une certaine mesure médicale, face à la vieillesse et à la mort), c'est tout le principe de solidarité nationale qui est mis à mal par une sécurité sociale plus prédictive. En réponse à cette perspective de déchirure dans la solidarité, la sécurité sociale s'appuie sur les capacités préventives qu'autorise le numérique (communiquer avec les patients, informer les familles, associer les retraités). Au sujet donc de ses productions et réalisations, la sécurité sociale devient plus préventive, plus prédictive, plus personnalisée. Et ce n'est pas un mince enjeu que de faire cohabiter ces mutations avec un principe, certes adaptable, de solidarité nationale qui visait d'abord la réparation, qui se voulait plus réactif que prédictif et qui assurait une relation plutôt impersonnelle.

Les métamorphoses du travail et, principalement, d'un salariat consubstantiel d'une sécurité sociale à vocation générale conduisent à envisager de puissantes ruptures. L'émergence d'acteurs inattendus, de la *start-up* aux géants de type *GAFA* (Google, Amazon, Facebook, Apple), se surveille. La concurrence accrue, avec de nouveaux opérateurs, comme au sein même de la protection sociale, se renforce déjà. Les nouvelles formes de travail (de la reprise à la hausse du travail indépendant au télétravail en passant par l'ensemble des flexibilités et précarités) nécessitent de nouveaux types de prestations, protections et garanties. Doctrinalement, mais aussi du point de vue de ses institutions, le droit du travail est, en raison de la diffusion des conséquences du numérique, en ébullition. Le droit de la sécurité et de la protection sociales commence à frémir.

2. Services et gouvernance bouleversés. – À ces immenses défis sur le plan des produits, s'ajoutent ceux, plus immédiatement perceptibles, sur les services. La perspective, totalement encouragée par les pouvoirs publics, relève de la dématérialisation. En l'espèce, les branches maladie, retraite, recouvrement, famille sont évaluées sur leurs progrès pour se trouver, déjà aujourd'hui, à plus de 90 % de flux dématérialisés de paiements des cotisations, de déclarations sociales, de feuilles de soins électroniques. Plus d'un milliard de feuilles d'assurance maladie traitées chaque année (soit 1 800 par minute) passaient autrefois par le courrier et sont maintenant à 90 % dématérialisées. L'assurance maladie était autrefois le premier client d'une Poste qui, face à la révolution numérique, doit trouver de nouvelles activités.

Une relation de service intégralement dématérialisée soulève la question de l'organisation des réseaux et guichets des organismes de sécurité sociale. Une partie croissante des activités pouvant être télétravaillées, la localisation même des caisses est une question. Quelle part de services physiques laisser ouverts ? Jusqu'où aller dans la numérisation de la relation ? Ces importantes interrogations intéressent d'abord les personnes qui se trouvent concernées par la fracture numérique. Si celle-ci n'est peut-être pas aussi profonde qu'on l'entend dire parfois, elle est extrêmement problématique pour les individus affectés. Ces interrogations intéressent aussi le gestionnaire de la sécurité sociale. Quel équilibre trouver entre, d'une part, des usines de traitement (que rien n'attache fondamentalement aux territoires) et, d'autre part, une relation humaine et une écoute personnalisée (qui ne peuvent qu'être territorialisées) ?

De façon plus prospective, une autre dimension de la révolution numérique, la dimension participative ou collaborative, apporte aussi son lot de potentiels renversements. Des usagers plus participatifs s'investissent dans la gestion directe des services qui les concernent (ne serait-ce qu'en renseignant et suivant leurs dossiers). Le système devient, comme ceci était souhaité en 1945, directement géré par les personnes concernées. Mais *quid*, dès lors, du paritarisme et des représentants élus ou désignés quand le service est directement géré par les usagers ? Si le numérique apporte bien de la nouveauté, il permet aussi de renouer avec des traditions anciennes. La sécurité sociale 2.0 peut reposer sur un mutualisme 2.0, des individus, des ménages, des groupes de population coopérant en s'informant, en s'entraidant (par exemple dans l'accueil des enfants ou des personnes âgées dépendantes), sans autre nécessité que des plates-formes de mise en relation. S'il y a probablement de l'utopie ou du cauchemar (c'est selon) dans l'énoncé de ces perspectives, elles doivent être saisies avec le plus grand sérieux. Pour les organismes et branches de la sécurité sociale, en collaboration ou en compétition avec d'autres pans de la protection sociale (par exemple Pôle Emploi ou les complémentaires), il y a là une question majeure de survie. Celui qui saura le mieux gérer les données et offrir le service de meilleure qualité incarnera, sous ce nom ou sous un autre, la sécurité sociale 2.0.

Pour la sécurité sociale, au sens large, *big data* (le traitement de l'abondance de données) et *open data* (l'ouverture et la mise à disposition de données publiques) sont riches d'opportunités et lourds de menaces. Riches d'opportunités pour améliorer les services et en proposer de nouveaux. Lourds de menaces en ce qui concerne la protection des personnes, l'intégrité des systèmes et les pressions concurrentielles amplifiées. Aux organismes et aux branches donc de faire la démonstration de leurs avantages, performances et atouts. Dans un univers où de grands principes comme l'universalité, l'égalité et la solidarité continuent de compter. Mais où l'efficacité du service continuera à prendre davantage de place.

VII. – Performances : quelles appréciations ?

La sécurité sociale doit donc relever des défis importants en termes de « relation client ». À cet effet, il faut concilier une logique de production de masse, standardisée à caractère industriel et une relation personnalisée aux usagers. Les stratégies et objectifs correspondants sont formalisés dans les conventions d'objectifs et de gestion passées entre l'État et les réseaux de caisses. Un objectif clé, à côté de la maîtrise des dépenses et de la gestion à bon droit, porte sur la satisfaction des usagers. Cette satisfaction, avant d'être une question de gestion, se mesure sur le plan des principes et des prestations. Sur ce volet « produit » de la sécurité sociale, le niveau d'attachement des Français est certainement aussi élevé que le niveau de leurs attentes. Sur le volet « service » (la manière dont les organismes gèrent les relations avec les usagers), le niveau de qualité est également élevé. Mais toujours améliorable. De fait, en matière de productivité, d'efficience et de qualité, la sécurité sociale doit, en permanence, faire la démonstration de ses performances.

1. Des coûts de gestion contenus. – Chaque année, près de 14 milliards d'euros sont consacrés à la gestion des régimes de sécurité sociale, au sens strict (soit 2 % des charges totales) : 60 % de dépenses de personnel, 40 % d'autres dépenses de fonctionnement et d'investissement (systèmes d'information et immobilier en particulier). Les coûts de gestion de la sécurité sociale restent contenus dans des proportions limitées, inférieurs à 4 % du total des dépenses pour l'assurance maladie, à 2,5 % pour la branche famille et autour de 1 % pour la branche retraite. Ils ne représentent que 0,3 % des montants encaissés par le réseau des URSSAF, un des coûts de recouvrement les plus bas en Europe.

La maîtrise des coûts de gestion ne doit pas conduire à la célébration (des marges de progrès existent toujours) mais à la réfutation de l'idée selon laquelle la sécurité sociale – encore une fois, en son sens strict – serait dispendieuse. Ses coûts sont, naturellement, moins élevés que ceux d'opérateurs concurrentiels privés qui, en plus de satisfaire leurs clients, doivent les prospecter et les fidéliser. Les dépenses de gestion de la sécurité sociale représentent donc une faible part de leurs dépenses totales. Mais leur ampleur et la nécessité d'évaluer si elles sont faites à bon escient en justifient le suivi étroit.

Les programmes de qualité et d'efficience

La gouvernance financière et politique de la sécurité sociale passe par une logique objectifs-résultats traduite dans les COG et LFSS. Celles-ci renseignent les indicateurs de gestion mais aussi proposent, plus largement, une mise en perspective générale des finalités poursuivies par la sécurité sociale et ses grands objectifs. Chaque année, une annexe au projet de LFSS présente des « programmes de qualité et d'efficience », portant sur les grandes politiques de sécurité sociale. Pour chaque risque, il s'agit de proposer les données de base concernant la couverture offerte ainsi que de déterminer des objectifs de prise en charge qui sont ainsi régulièrement évalués. Par exemple, le programme concernant le risque retraite comporte, d'une part, les données relatives aux retraités et aux cotisants et, d'autre part, apprécie le niveau de remplacement des revenus à la retraite. Le programme concernant la maladie suit des indicateurs comme la répartition territoriale de l'offre de soins, la prévalence des pratiques addictives, ou encore l'importance des dépassements tarifaires. Si tous les programmes traitent de viabilité financière, la recherche d'efficience ne concerne pas que la gestion mais bien l'ensemble de l'action de la sécurité sociale et ses impacts sur la vie des Français.

2. Des prestations et des principes appréciés. – La sécurité sociale fait l'objet d'un incontestable attachement de la part des Français. Contre l'image fausse d'un plébiscite absolu, il importe simplement de dire qu'une majorité, souvent substantielle, de personnes interrogées soutient le système. Certes les critiques peuvent être vives, sur les lourdeurs supposées ou observées, sur les déficits et difficultés, sur des dérives et des insuffisances, mais l'existence de l'institution n'est que très marginalement contestée. Elle est même valorisée. Le souci de connaître l'opinion des Français remonte à la création du système, en 1945. Et l'adhésion au projet n'a fait, au cours des premières décennies, qu'augmenter à mesure de l'extension de son action et de la progression de la taille de la population couverte.

En 1945, 55 % de la population se déclarait favorable au « principe d'un service de santé national fonctionnant comme un service public ». En 1955, 67 % des ouvriers, 69 % des employés, 65 % des cadres trouvent le principe de la sécurité sociale « bon » ou « excellent ». En 1959, une très large majorité des professions libérales, des commerçants et des agriculteurs souhaite compter parmi les assurés sociaux. En 1967, l'attachement des Français à la sécurité sociale dépasse celui qui peut les lier à d'autres institutions. L'attachement à la sécurité sociale, mesuré à l'aune de la gravité de son éventuelle suppression, arrive au premier rang devant l'attachement à la liberté de la presse, à l'indépendance de la justice, au Parlement ou aux élections municipales.

Une vaste enquête internationale portant, entre autres, sur la confiance dans les institutions confirme ce diagnostic pour ces dernières décennies. Les trois vagues (1990, 1999, 2008) de cette enquête montrent on ne peut plus clairement la confiance accordée par les Français à leur sécurité sociale. En 1990, parmi les institutions qui emportent la confiance d'une majorité, la sécurité sociale est au premier rang, devant la police, les grandes entreprises, l'armée, l'Église, ou encore l'administration. Cette confiance est confirmée dix ans après. La hiérarchie des préférences a cependant sensiblement changé. Le « système de sécurité sociale » n'arrive plus qu'au troisième rang, derrière le « système de santé » et le « système d'enseignement ». L'*item* « système de santé », qui peut correspondre à la définition restreinte de la sécurité sociale, a été ajouté en 1999 à l'enquête. Comme dans l'esprit de nombre de personnes interrogées une grande ambiguïté doit prévaloir quant au périmètre exact et aux recoupements des deux systèmes de sécurité sociale et de santé, on peut en conclure que c'est globalement le système français de protection sociale qui est ainsi valorisé. Ce qui est encore le cas en 2008, avec des scores plus élevés.

Pour chacune des institutions que je vais vous citer, voulez-vous me dire dans quelle mesure vous avez confiance ou pas : une grande confiance, une certaine confiance, peu confiance ou pas confiance du tout ?

	1990		1999		2008	
	En %	Rang	En %	Rang	En %	Rang
Le système de sécurité sociale	67 %	1	66 %	3	74 %	3
Le système de santé	-	-	77 %	1	80 %	1
L'Union européenne	66 %	2	46 %	5	47 %	7
La police	65 %	3	66 %	3	74 %	3
Le système d'enseignement	64 %	4	68 %	2	76 %	2
Les grandes entreprises	60 %	5	45 %	6	44 %	8
L'armée	55 %	6	61 %	4	72 %	5
L'Église	47 %	7	44 %	7	42 %	9
L'administration	47 %	7	44 %	7	60 %	6

Source : enquêtes européennes sur les valeurs.

Le ministère des Affaires sociales suit depuis 2000 les opinions et aspirations à l'égard de la protection sociale. En 2014, trois Français sur cinq estiment normal que le tiers de la richesse nationale soit consacré à son financement. 75 % d'entre eux considèrent qu'elle fournit un niveau de protection suffisant. Surtout, 80 % des répondants estiment que le système de protection sociale français peut servir de modèle. Ces scores élevés connaissent une érosion depuis le début des années 2010, mais la leçon générale est simple. Sans être intégralement plébiscitée, et en étant, en tendance, toujours un peu plus critiquée, la protection sociale française est reconnue et appréciée.

3. Une qualité de service satisfaisante en moyenne. Les opinions sur la relation de service, mesurées à travers de nombreuses batteries d'enquête, au niveau des branches et des organismes, montrent aussi des niveaux de satisfaction élevés.

Pour l'accueil physique, 90 % des 35 millions de visites annuelles aux guichets des caisses primaires d'assurance maladie connaissent un délai d'attente inférieur à 20 minutes. C'est aussi le cas de 90 % des 20 millions de visites aux CAF. Pour l'accueil téléphonique (30 millions d'appels vers les CPAM, 30 vers les CAF, 5 vers les CARSAT), le taux de satisfaction, pour la branche retraite, est de 90 %. Au sujet des délais de traitement, 90 % des feuilles de soins électroniques sont traitées en moins de 7 jours. 80 % des demandes envoyées aux CAF sont traitées en moins de 15 jours. Pour le recouvrement, plus de 99 % des comptes cotisants sont mis à jour dans un délai de 10 jours et les cotisations sont, dans leur quasi intégralité, encaissées le jour de l'échéance.

Ces résultats ne peuvent conduire à verser dans une autosatisfaction contre-productive mais à identifier aussi les améliorations à conduire. Ces enquêtes régulières permettent de mesurer, caisse par caisse, les améliorations ou détériorations de la qualité de service. Ces données moyennes renseignent sur une image globale. Certains organismes, en fonction de leurs charges et de la pression sur leurs guichets, peinent plus que d'autres. Et c'est vrai aussi de certaines populations qui peuplent les files d'attente. Si donc, en moyenne, le service est apprécié, une partie de la population en a une piètre image. Pour autant, la qualité du service de sécurité sociale ne mérite pas la caricature. Il doit souffrir la comparaison avec tous les organismes privés et publics auxquels s'adressent ses usagers. Ces derniers ont des demandes croissantes, vis-à-vis de tous les prestataires, physiques et dématérialisés. Là où les demandes sont infinies et les moyens très contraints, la démonstration de la qualité et de l'efficience de la sécurité sociale est un enjeu essentiel.

CONCLUSION

Un des principaux objectifs de la sécurité sociale à la française a été globalement atteint : la généralisation. Mais cette généralisation, qui n'est pas synonyme d'amélioration systématique des couvertures, passe par la diversité des régimes. Tout le monde est donc couvert, mais pas de la même manière et parfois avec des difficultés à faire valoir ses droits. La dynamique a emmené l'élargissement du financement (en sus des cotisations) et une gouvernance plus unitaire du système (avec implication accrue du gouvernement et du Parlement). L'ouverture de droits à des soins est désormais largement disjointe de l'activité professionnelle. Il en va de même pour les prestations familiales. Harmonisation des prestations et alignements des régimes, principalement en assurance maladie, ont accompagné cette généralisation. Un dernier avatar en est la généralisation de la couverture complémentaire santé à tous les salariés. Si, en l'espèce, ne sont concernés que les salariés, le mouvement d'extension des couvertures obligatoires progresse toujours. Des différences notables, surtout en matière de retraite, demeurent. Mais les systèmes n'ont jamais été aussi proches. En 1945, le projet consistait à déployer un grand régime unifié, afin de mettre fin à la multiplicité qui prévalait. Celle-ci prévaut toujours, mais elle permet de couvrir, dans leur diversité, les populations. Les tentatives d'intégration au sein d'un régime unique, qui est souvent dit aussi universel, n'ont jamais été couronnées de succès. Mais la sécurité sociale et son histoire sont aussi faites de volontarisme. Au moment de célébrer les 70 ans de la sécurité sociale ont ainsi été émises l'idée et la visée d'une assurance maladie universelle. Non pas une refonte illusoire, mais une simplification et une coopération renforcées de l'ensemble des organismes et régimes en place. Cette intégration poursuivrait de manière cohérente le chemin emprunté ces 70 dernières années.

Alors que le terme de généralisation prend moins d'importance dans le débat sur la sécurité sociale à mesure peut-être de son accomplissement, c'est le thème de l'universalité qui prend le pas. Plutôt qu'un objectif, l'universalité est érigée comme un principe acquis depuis 1945, alors que l'édifice naissant en était éloigné. De nombreuses craintes s'expriment maintenant quant à l'effritement de cette universalité, avec la perspective de voir le système se « dualiser » entre ceux qui bénéficient et ceux qui cotisent. L'idée d'universalité, souvent rappelée dans le débat sur les allocations familiales, procède d'une préférence pour des allocations qui ne soient pas fonction des ressources des parents. Or, face à la double nécessité affichée de faire des économies et de davantage cibler sur les situations de pauvreté, le sujet, à haute intensité de controverse, de la mise sous condition de ressources des prestations revient de façon récurrente. Une solution, élaborée en 2014, consiste à moduler les allocations familiales en fonction des ressources. Tout le monde touche des prestations, mais les plus aisés un peu moins. Les Britanniques ont baptisé « universalisme ciblé » ce type de réforme. En France, on pourrait appeler cette logique l'universalisme modulé.

Principe d'universalité et dynamique de généralisation sont à apprécier selon des schémas autorisant des comparaisons raisonnées de différents systèmes. Ce n'est pas parce qu'un système est en place qu'il couvre vraiment la population. Si une couverture existe, il faut, comme y invite l'Organisation mondiale de la santé (OMS), distinguer sa largeur (la part de la population couverte) ; sa hauteur (la proportion des coûts couverts) ; sa profondeur (la part des services couverts). L'OIT parle de l'étendue de la protection sociale (le nombre de risques couverts), de son ampleur (la part de la population couverte), de son niveau (en termes de satisfaction des besoins). Si l'on reprend ces catégorisations, la protection sociale française est universelle dans sa largeur, relativement modulée dans sa hauteur, intégrale dans sa profondeur. Elle est universelle dans son étendue et son ampleur. Elle est relativement modulée dans son niveau.

Enfin, la sécurité sociale n'est pas qu'une histoire française. Partie du centre de l'Europe à la fin du XIXe siècle, la protection sociale s'est étendue progressivement à tous les continents. Aujourd'hui, la plupart des pays disposent de programmes légaux de couverture de certains risques, voire de l'ensemble des risques. Reste que si ces systèmes sont en place, ils ne couvrent souvent qu'une fraction très réduite de la population. Malgré l'impressionnante extension internationale de la sécurité sociale au cours du dernier siècle, une minorité seulement de la population mondiale est complètement couverte. En 2012, selon l'OIT, le quart de la population mondiale a accès à des systèmes « complets » de sécurité sociale, tandis que les trois quarts ne bénéficient que d'une couverture partielle ou ne sont pas couverts du tout. Toujours selon l'OIT, plus de 5 milliards de personnes ne bénéficient pas d'une couverture dite « adéquate ». Les discussions internationales traitent de l'établissement, au niveau national, de « socles de protection sociale », en tant que garanties élémentaires de sécurité sociale. À l'échelle du monde, la distance est encore considérable avant la généralisation et l'universalisation. La sécurité sociale demeure donc encore une ambition.

BIBLIOGRAPHIE

Sur une matière aussi riche que la sécurité sociale, la littérature ne peut qu'être dense. Dans un effort de concision ne sont retenus ici que les ouvrages les plus récents, avec les classiques dans leur édition la plus fraîche. En complément, cinq revues, au moins, s'imposent : *Droit social*, la *Revue de droit sanitaire et social*, *Informations sociales*, la *Revue française des affaires sociales*, *Regards* (revue de l'En3s). Et puisque le papier n'est plus le seul support, deux sites (avec leur lettre d'information) valent largement la consultation : www.securite-sociale.fr (le portail du service public de la sécurité sociale), www.annuaire-secu.com (un portail indépendant et excellemment renseigné).

Audier Serge, *La Pensée solidariste. Aux sources du modèle social républicain*, Paris, Puf, « Le Lien social », 2010.

Bec Colette, *La Sécurité sociale. Une institution de la démocratie*, Paris, Gallimard, 2014.

Bichot Jacques, Robinet Arnaud, *La Mort de l'État providence. Vive les assurances sociales !*, Paris, Les Belles Lettres, 2013.

Borgetto Michel, Lafore Robert, *Droit de l'aide et de l'action sociales*, Paris, LGDJ, 2015.

Bras Pierre-Louis, Tabuteau Didier, *Les Assurances maladie*, Paris, Puf, « Que sais-je ? », 2012.

Castel Robert, *L'Insécurité sociale. Qu'est-ce qu'être protégé ?*, Paris, Seuil, « La République des idées », 2003.

Charpentier François, *Retraites complémentaires. Histoire et place des régimes Arrco et Agirc dans le système français : 75 ans de paritarisme*, Paris, Economica, 2014.

Chauchard Jean-Pierre, Kerbourc'h Jean-Yves, Willmann Christophe, *Droit de la sécurité sociale*, Paris, LGDJ, 2013.

Delors Jacques, Dollé Michel, *Investir dans le social*, Paris, Odile Jacob, 2009.

Esping-Andersen Gøsta, *Les Trois Mondes de l'État-providence. Essai sur le capitalisme moderne*, Paris, Puf, « Le Lien social », 1999.

Dupeyroux Jean-Jacques, Borgetto Michel, Lafore Robert, *Droit de la sécurité sociale*, Paris, Dalloz, 2015.

Elbaum Mireille, *Économie politique de la protection sociale*, Paris, Puf, « Quadrige », 2011.
Fragonard Bertrand, *Vive la protection sociale !*, Paris, Odile Jacob, 2012.
Gazier Bernard, Palier Bruno, Périvier Hélène, *Refonder le système de protection sociale. Pour une nouvelle génération de droits sociaux*, Paris, Presses de Sciences Po, 2014.
Guérin Serge, *De l'État providence à l'État accompagnant*, Paris, Michalon, 2010.
Hirsch Martin, *Sécu : objectif monde. Le défi universel de la protection sociale*, Paris, Stock, 2011.
Huteau Gilles, *Sécurité sociale et politiques sociales*, Paris, Sirey, 2015.
Joxe Pierre, *Soif de justice. Au secours des juridictions sociales*, Paris, Fayard, 2013.
Kessler Francis, *Droit de la protection sociale*, Paris, Dalloz, 2014.
Laborde Jean-Pierre, *Droit de la sécurité sociale*, Paris, Puf, « Thémis », 2005.
Laurent Éloi, *Le Bel Avenir de l'État Providence*, Paris, Les Liens qui libèrent, 2014.
Monnier Jean-Marie (dir.), *Finances publiques*, Paris, Documentation française, 2015.
Montalembert Marc de (dir.), *La Protection sociale en France*, Paris, Documentation française, 2013.
Morvan Patrick, *Droit de la protection sociale*, Paris, Lexis Nexis, 2013.
Palier Bruno, *Gouverner la sécurité sociale. Les réformes du système français de protection sociale depuis 1945*, Paris, Puf, « Quadrige », 2005.
Penaud Pascal (dir.), *Politiques sociales*, Paris, Dalloz/Presses de Sciences Po, 2015.
Petit Franck, *Droit de la protection sociale*, Paris, Lextenso, 2015.
Polton Dominique, *La Santé pour tous ?*, Paris, Documentation française, 2014.
Rosanvallon Pierre, *La Société des égaux*, Paris, Seuil, 2013.
Schnapper Dominique, *La Démocratie providentielle. Essai sur l'égalité contemporaine*, Paris, Gallimard, 2002.
Supiot Alain, *Grandeur et misère de l'État social*, Paris, Fayard, 2013.
Tabuteau Didier, *Démocratie sanitaire. Les nouveaux défis de la politique de santé*, Paris, Odile Jacob, 2013.

TABLE

Cet ouvrage a été mis en pages par JOUVE
1, rue du Docteur-Sauvé – 53101 Mayenne

Imprimé en France
par la Nouvelle Imprimerie Laballery
rue Louis Blériot 58500 Clamecy
janvier 2016 - N° 601129

La Nouvelle Imprimerie Laballery est titulaire de la marque Imprim'Vert®